D1854629

Heines Rätselbibliothek

Stefan Heine ist einer der wenigen renommierten und bekannten Rätselmacher. Die Buchreihe „Heines Rätselbibliothek“ wird ständig erweitert und enthält ausgesuchte Qualitätsrätsel auf stets höchstem handwerklichen Niveau – Gehirnjogging der Extraklasse!

Mittlerweile umfasst diese Reihe 25 Bände – unter anderem exklusiv alle Rätsel der großen weltweiten Meisterschaften.

Selbstverständlich hat jedes Rätsel immer nur eine einzige mögliche Lösung.

Einzigartig an dieser Reihe ist die Positionierung der jeweiligen Auflösungen. Diese finden sich in fast allen Bänden immer zwei Seiten später als das dazugehörige Rätsel. So wird langwieriges Suchen und Blättern vermieden.

Stefan Heine

SCHACH
matt in zwei zügen

Schachaufgaben von leicht bis schwer

Stefan Heines
Rätselbibliothek

Band 23

verlag presse service

1. Auflage 2009
© 2009 presse service Stefan Heine
Alle Rechte vorbehalten
Umschlagsgestaltung: presse service / Marlena Goyette
Titelfoto: Jörg Brockstedt
Mitarbeit: Dr. Florian Wagner, Anna Kietzer
Druck und Bindearbeiten: CPI – Ebner & Spiegel, Ulm
ISBN: 978-3-939940-22-7

www.ps-heine.de

Herzlich Willkommen!

Für viele ist schon Schach an sich ein Rätsel. Und immer ist es ein Spiel für zwei. Wirklich immer?

Ich bin Rätselmacher und unterhalte fast ausschließlich den einzelnen – kein Partner in Sicht für eine Partie Rummicub, Schiffe versenken, Go oder Schach.

Dabei eignet sich gerade das königliche Spiel hervorragend zum Zeitvertreib für viele Stunden. Den Beweis halten Sie bereits in Händen!

In diesem Buch werden keine alten Partien vergangener Großmeister durchgekaut – keine komplexe Vorgeschichte, keine Diskussion um vergebene Chancen. Reine Rätsel und immer nur eine einzige Regel: Weiß ist am Zug und setzt in zwei Zügen matt.

Viel Vergnügen wünscht Ihnen
Stefan Heine

Für alle Rätsel in diesem Band gilt Folgendes:

Weiß ist am Zug und setzt Schwarz in zwei Zügen schachmatt. Finden Sie den einen Zug von Weiß, durch den Schwarz keine Chance mehr bleibt.

Die Schreibweise in den Lösungen orientiert sich an der sogenannten verkürzten algebraischen Notation: Der große Buchstabe steht für die entsprechende Spielfigur, beispielsweise D für Dame oder L für Läufer. Der kleine Buchstabe mit der folgenden Ziffer steht für das Zielfeld dieser Figur. „Lc4“ bedeutet also, dass der Läufer auf das Feld c4 zieht. Für die Bauern wird grundsätzlich nur das Zielfeld angegeben, es gibt also kein B für Bauer.

Kann ein Zielfeld von zwei gleichen schwarzen oder weißen Figuren erreicht werden, beispielsweise von beiden schwarzen Springern, wird zur eindeutigen Unterscheidung die Startspalte oder -zeile mit angegeben. Wird eine gegnerische Figur auf dem Zielfeld geschlagen, steht ein „x“ vor den Koordinaten. Schlägt ein

Bauer eine gegnerische Figur und wechselt daher auch die Spalte, wird zunächst die Ausgangsspalte angegeben und dann mit „x“ davor das Ziel. So bedeutet beispielsweise „fxg8“, dass ein Bauer aus Spalte f eine gegnerische Figur auf g8 schlägt.

Ein „+“ bedeutet, dass der Gegner durch diesen Zug im Schach steht, ein „++“ bedeutet Schachmatt.

Die ~ steht grundsätzlich für „alle anderen Züge“. Das kann sich nur auf alle weiteren Züge einer einzigen Figur beziehen, beispielsweise „T~“ für „alle weiteren Züge des Turms“, für alle weiteren Züge einer Figur auf einer Zeile oder Spalte, etwa „Tg~“ für „alle weiteren Züge des Turms in Spalte g“, oder aber für alle noch nicht in der Lösung aufgeführten weiteren Züge von Schwarz.

Bei den Lösungen ist immer zunächst der entscheidende erste Zug von Weiß angegeben. Daran anschließend folgen verschiedene Züge von Schwarz mit der entsprechenden „Antwort“ von Weiß. Dank des ersten Zugs gewinnt Weiß immer nach dem zweiten – egal was Schwarz noch versucht.

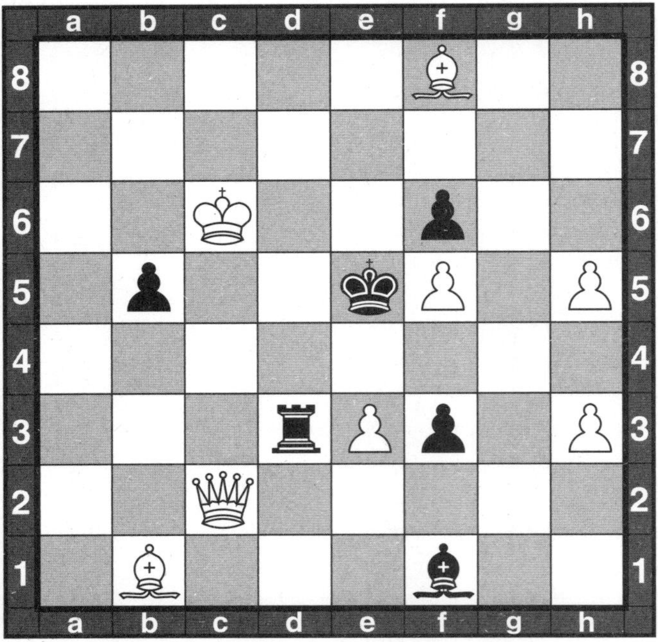

Die Lösung
dieses Rätsels
finden Sie auf
S. 12.

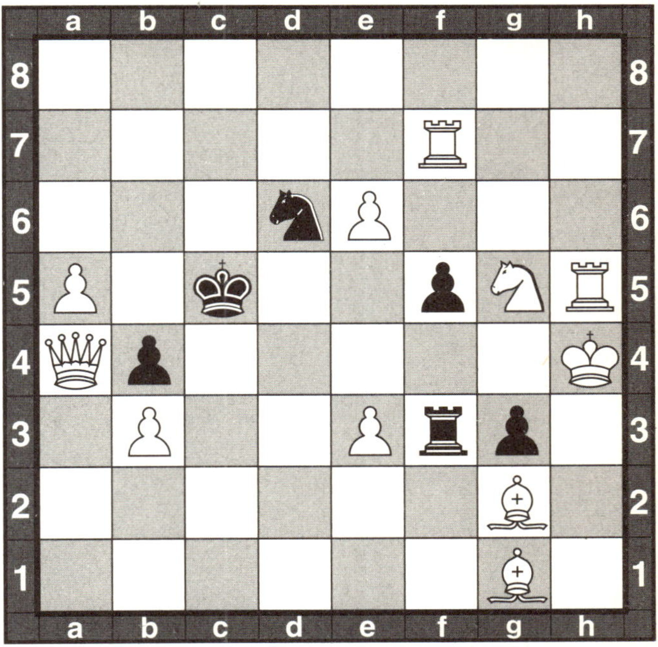

Die Lösung
dieses Rätsels
finden Sie auf
S. 13.

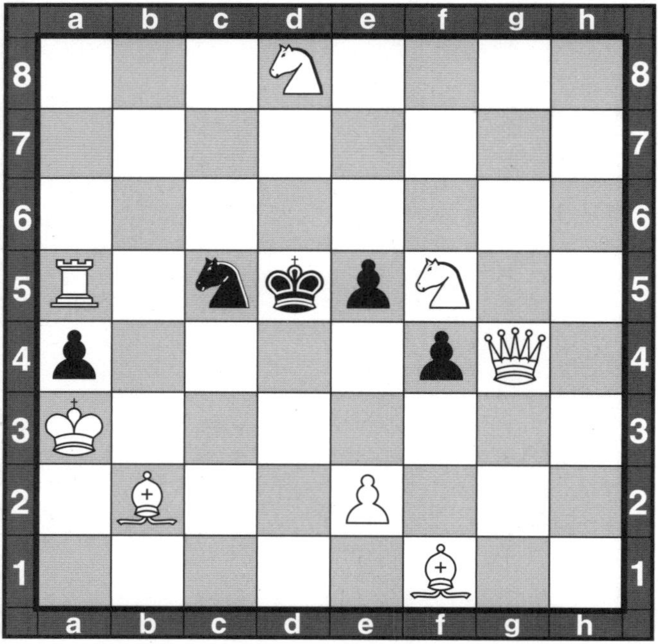

Lösung von Seite 10:

1. Db3
1. ... Kxf5
   2. Dd5++
1. ... Txb3/Td6+
   2. L(x)d6++
1. ... Txe3
   2. Dxe3++
1. ... Td5
   2. Dxd5++
1. ... Tc3+
   2. Dxc3++
1. ... ~
   2. De6++

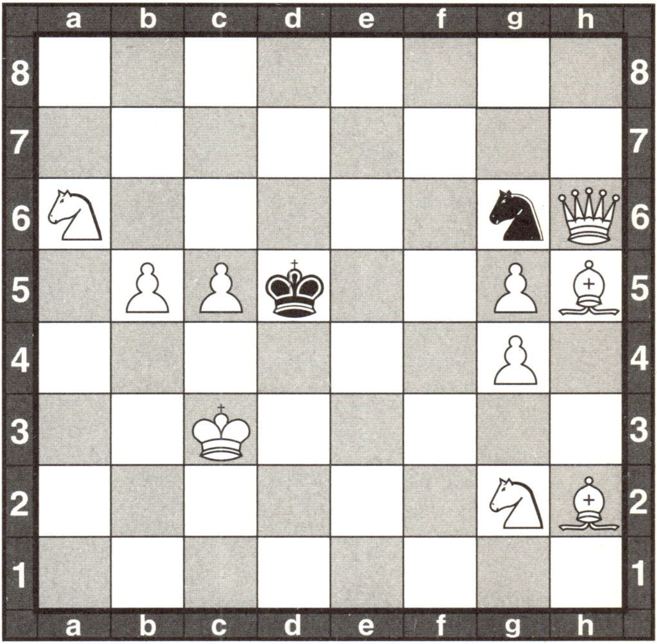

Lösung von Seite 11:

1. Dd7
1. … Kd5
2. Txf5++
1. … Tf4
2. e(x)f4++
1. … Txe3
2. Lxe3++
~~1. … Td5~~
~~2. Dxd5++~~

1. … T~
2. Dc6++
1. … Se4/f4
2. S(x)e4++

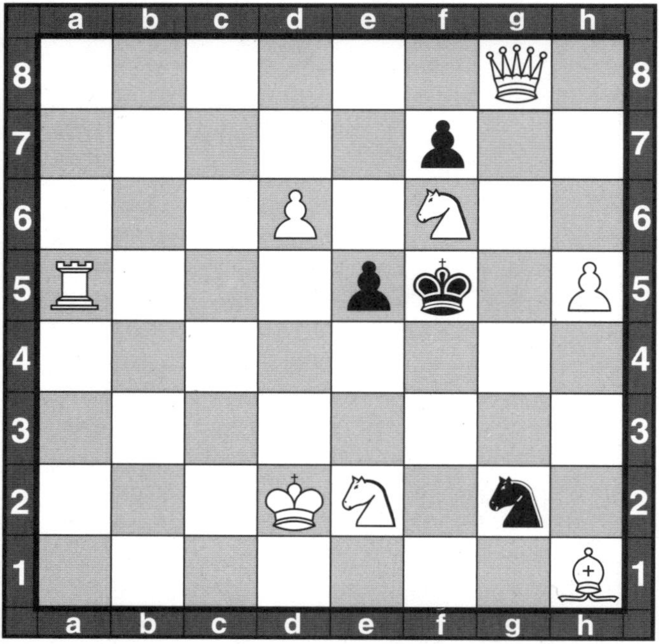

Lösung von Seite 12:

1. La1
1. ... Kc4
 2. Se3++
1. ... Ke4
 2. Lg2++
1. ... f3
 2. e4++
1. ... e4
 2. Dg8++

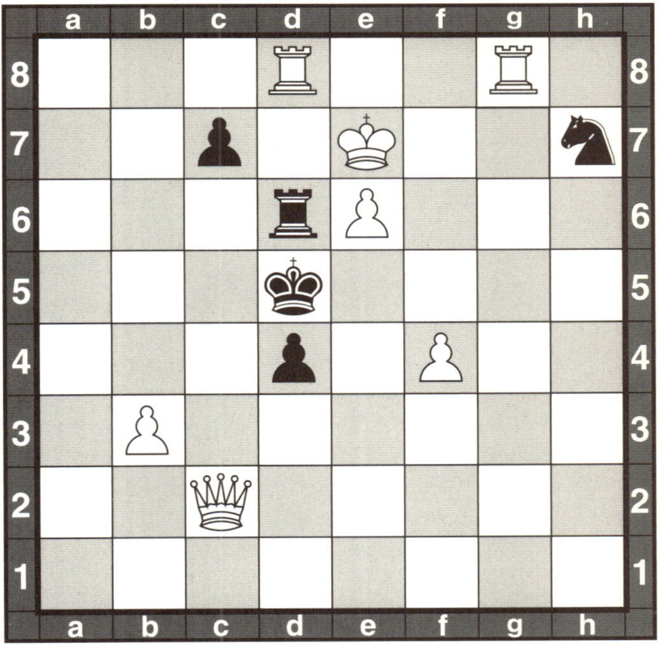

Lösung von Seite 13:

1. Dh7
1. ... Ke4
2. Db7++
1. ... Ke6
2. Sc7++
1. ... Se5
2. Sf4++
1. ... Se7/h4
2. Lf7++
1. ... S~
2. Df5++

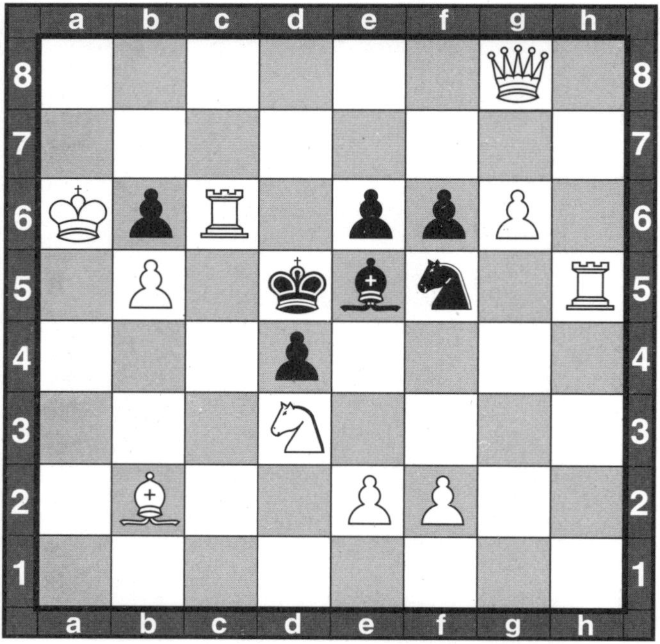

Lösung von Seite 14:

1. Se4
1. ... Kxe4
2. Dg4++
1. ... Ke6
2. Dc8++
1. ... f6
2. S4g4++
1. ... Sf4
2. Sd4++

1. ... S~
2. Dc8++

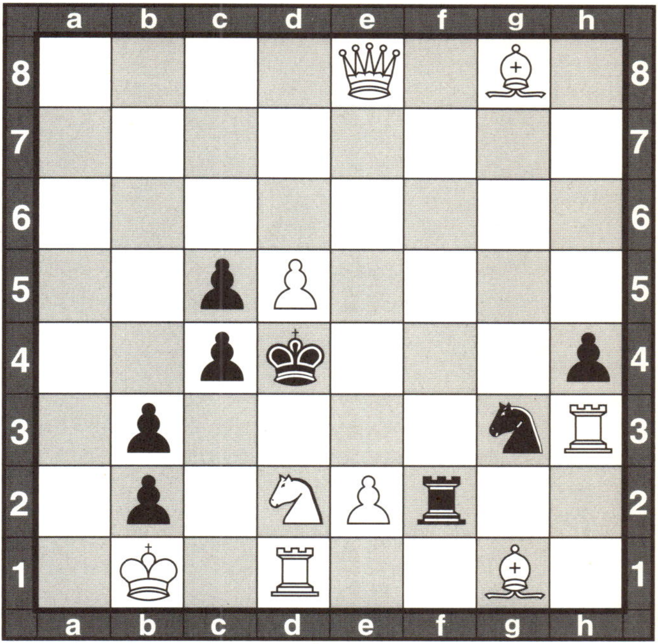

Lösung von Seite 15:

1. Kf7
1. ... S~
   2. T(x)g5++
1. ... Txd8
   2. Txd8++
1. ... Td7+
   2. Txd7++
1. ... c6
   2. Df5++
1. ... c5
   2. Dg2++
1. ... d3
   2. Dc4++

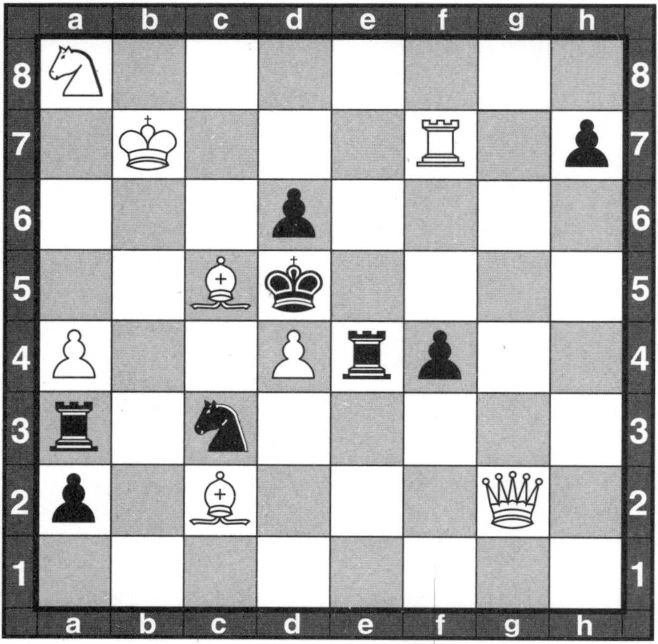

Lösung von Seite 16:

1. Tc4
1. ... Kxc4
2. Dxe6++
1. ... Ke4
2. Da8++
1. ... Kd6
2. Dd8++
1. ... S/L ~
2. Txd4++

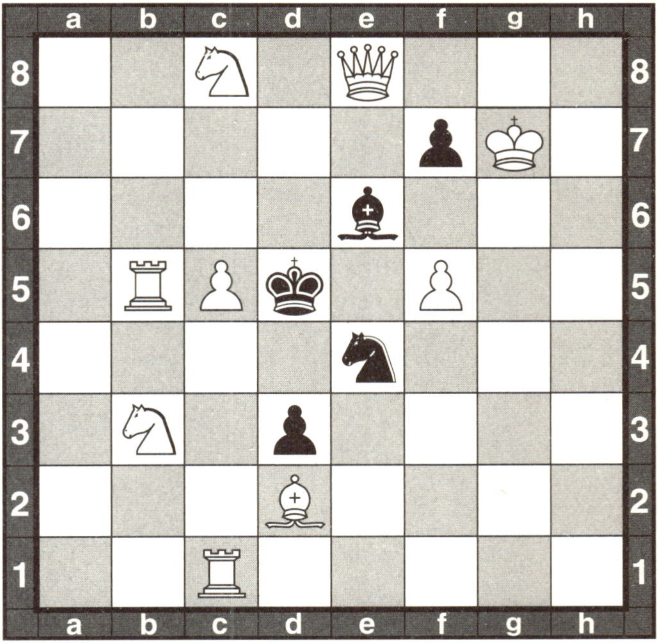

Lösung von
Seite 17:

1. Db8
1. ... Ke3
2. De5++
1. ... Kc3
2. Se4++
1. ... c3
2. Lxf2++
1. ... S ~
2. Df4/Lxf2++

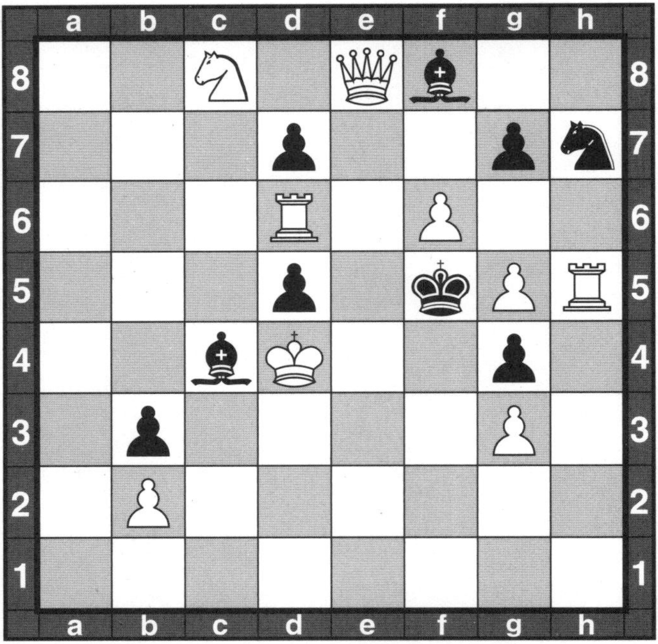

Lösung von Seite 18:

1. Dg8
1. ... Ke6
   2. Sc7++
1. ... Kc4
   2. Sb6++
1. ... Tb3+
   2. Lxb3++
1. ... dxc5
   2. Td7++
1. ... Te7+
   2. Txe7++
1. ... Te6
   2. Sb6++
1. ... ~
   2. Tf5++

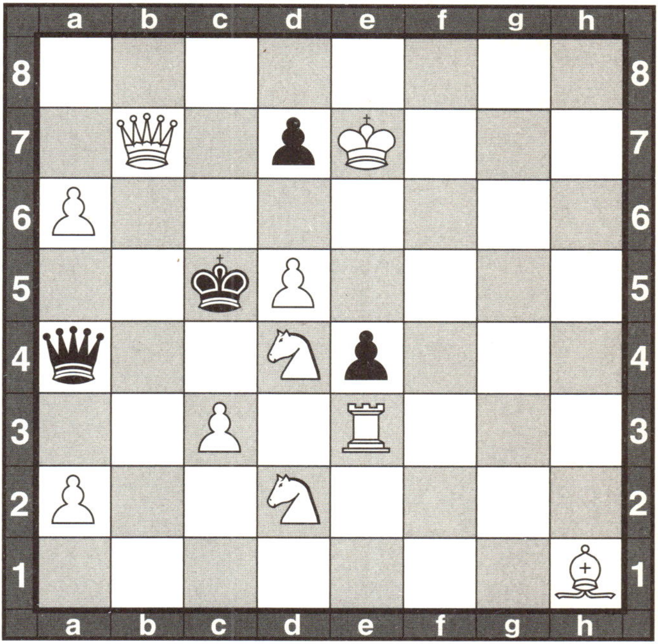

Lösung von
Seite 19:

1. Te1
1. ... Ke5
2. c6++
1. ... Kc4
2. Sb6++
1. ... Sxc5
2. Txc5++
1. ... S ~/Lxf5
2. Sb6++
1. ... L ~
2. Dxe4++
1. ... f6
2. Dxe6++

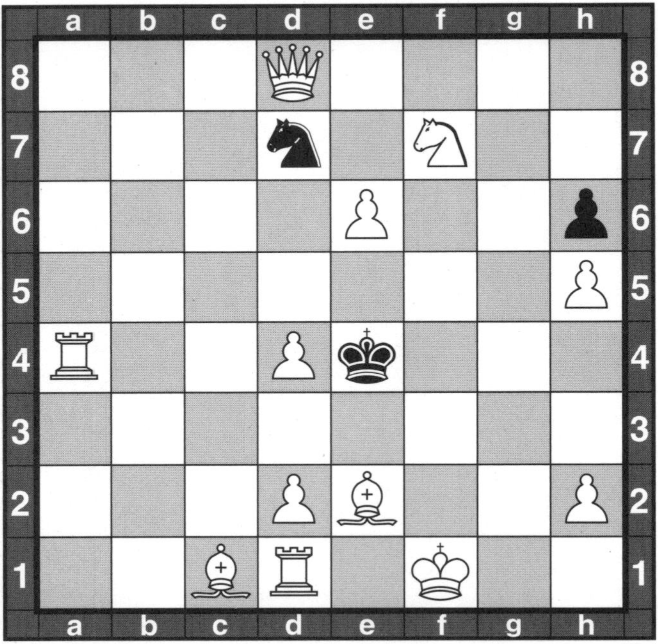

Lösung von
Seite 20:

1. Df7
1. ... Sxg5
2. fxg7++
1. ... Sxf6
2. g6++
1. ... gxf6
2. Dxh7++
1. ... g6
2. Dxd7++
1. ... Le7
2. Sxe7++
1. ... Lxd6
2. Sxd6++
1. ... L4 ~
2. Txd5++

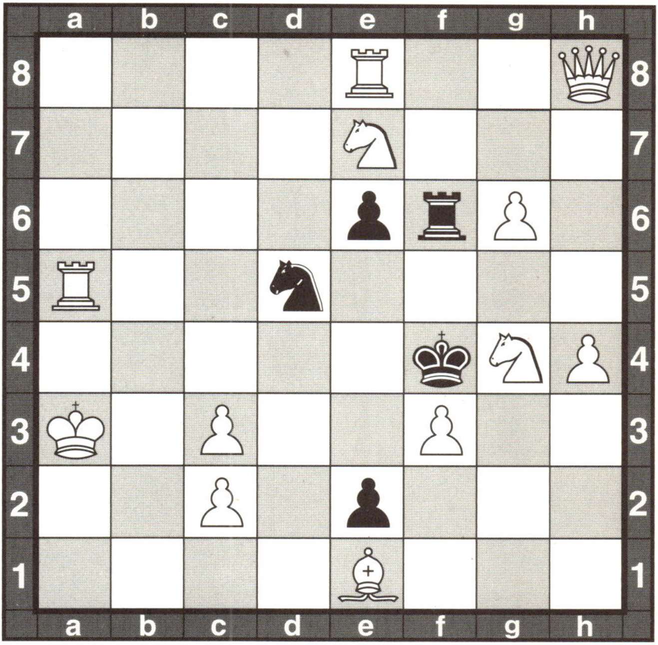

Lösung von Seite 21:

1. Td3
1. ... Dxd4
2. cxd4++
1. ... Db4
2. cxb4++
1. ... Dc4
2. Sxe4++
1. ... D ~
2. D(x)b5/S4(x)b3++

1. ... exd3/e3
2. Da7++
1. ... d6
2. Se6++

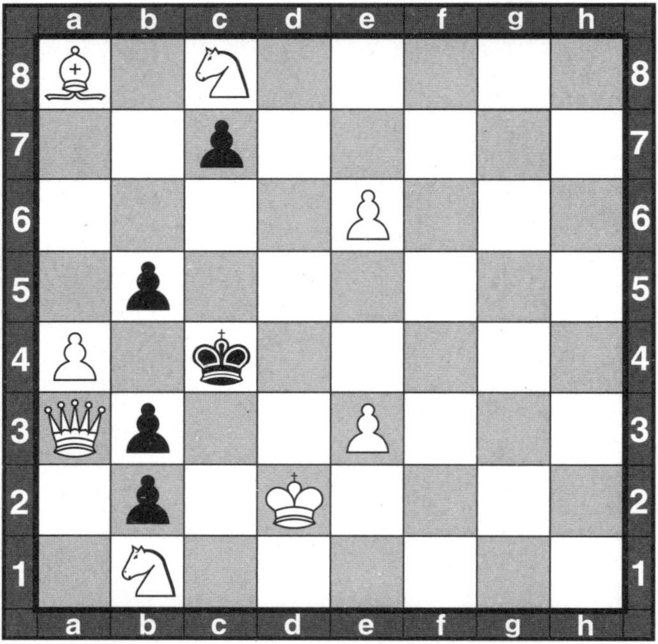

Lösung von
Seite 22:

1. Lg4
1. ... Kf4
2. d5++
1. ... Kd5
2. Da8++
1. ... Kd3
2. Lf5++
1. ... Se5
2. dxe5++
1. ... Sc5
2. dxc5++
1. ... S ~
2. d3++

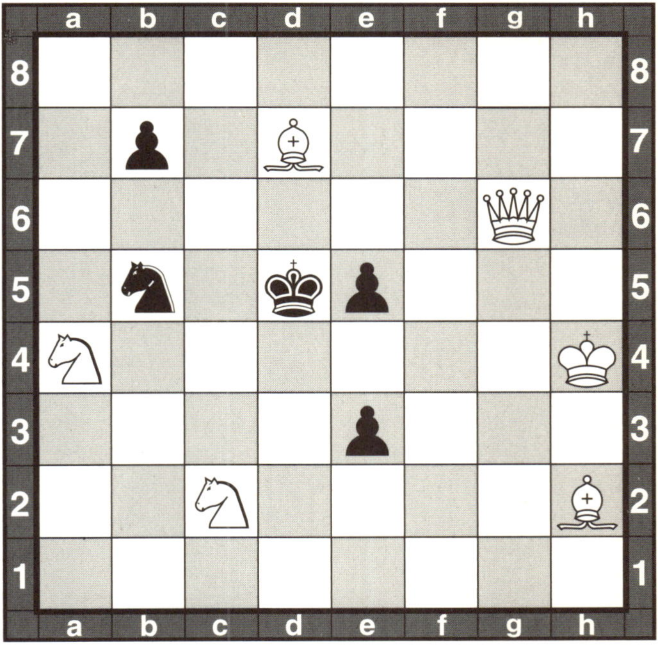

Lösung von Seite 23:

1. Sh2
1. ... Ke5
   2. Lg3++
1. ... Ke3
   2. Sxd5++
1. ... T ~
   2. Dd4++
1. ... ~
   2. Dh6++

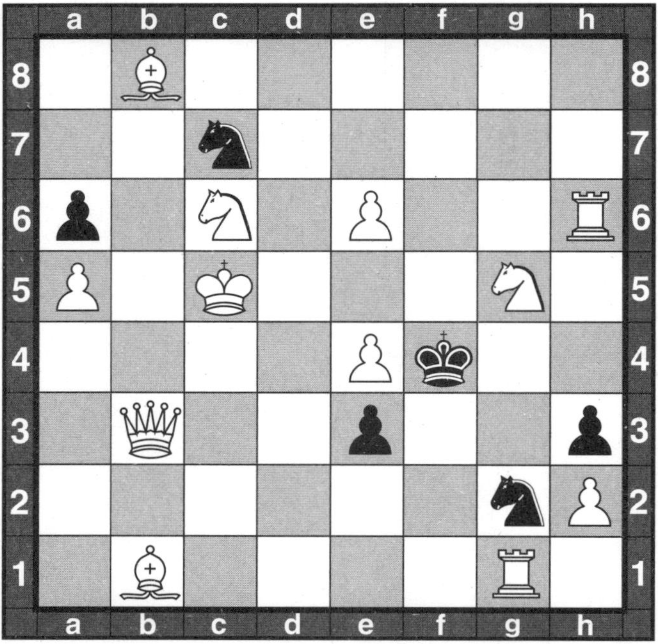

Lösung von
Seite 24:

1. De7
1. ... c6
2. Sb6++
1. ... c5
2. Dh4++
1. ... b4
2. Dxc7++
1. ... bxa4
2. Sa3++

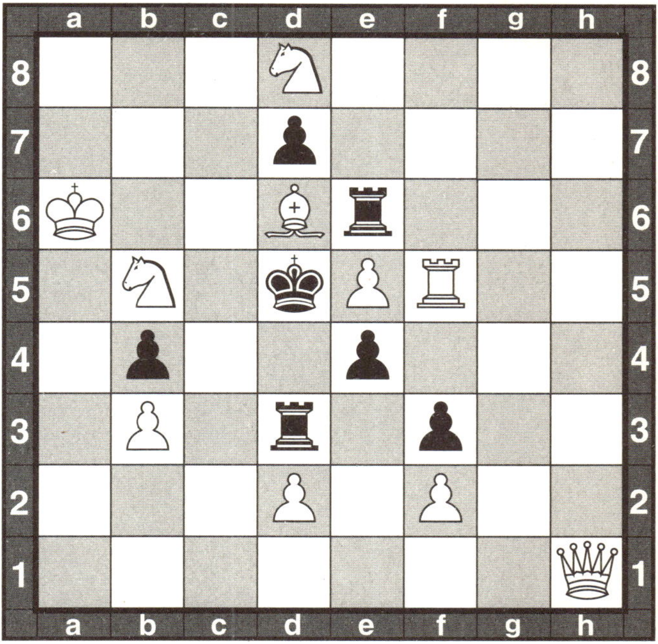

Lösung von Seite 25:

1. Lg1
1. ... Kc4
2. Le6++
1. ... Sd4
2. Sxe3++
1. ... S ~
2. Dd3++
1. ... e2
2. Sb6++
1. ... e4
2. De6++
1. ... b6
2. Dc6++

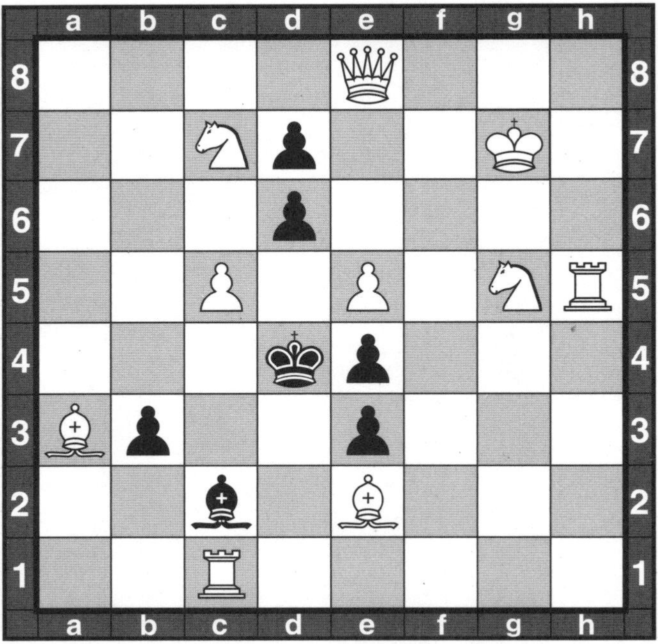

Lösung von Seite 26:

1. Se5
1. ... Kxg5
   2. Dxe3++
1. ... Kxe5
   2. Lxc7++
1. ... Sh4
   2. Sd3++
1. ... Se1
   2. Sg6++
1. ... Sxe6+
   2. Sxe6++
1. ... S ~
   2. Sxh3++
1. ... e2
   2. Dg3++

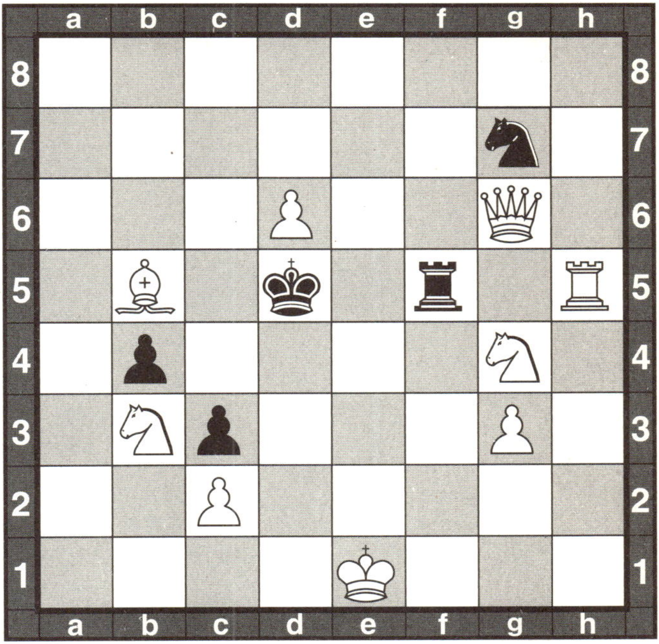

Lösung von
Seite 27:

1. Dd1
1. ... Txd6+
2. exd6++
1. ... Tf6
2. exf6++
1. ... Txe5
2. Txe5++
1. ... T6 ~
2. e6++
1. ... Txd2
2. Dxd2++
1. ... Txb3
2. Dxb3++
1. ... Td4
2. Sc7++
1. ... Tc3
2. dxc3++
1. ... Te3
2. dxe3++
1. ... e3
2. Dxf3++

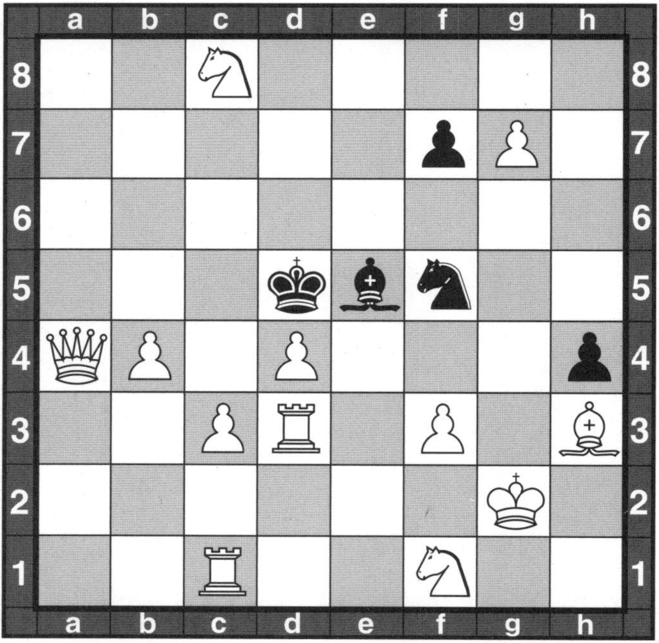

Lösung von Seite 28:

1. Db8
1. ... Kxe5
   2. Sge6++
1. ... Kc3
   2. Db4++
1. ... d5
   2. Sb5++
1. ... dxe5
   2. Db4++
1. ... b2
   2. Dxb2++
1. ... dxc5/L ~
   2. Lb2++

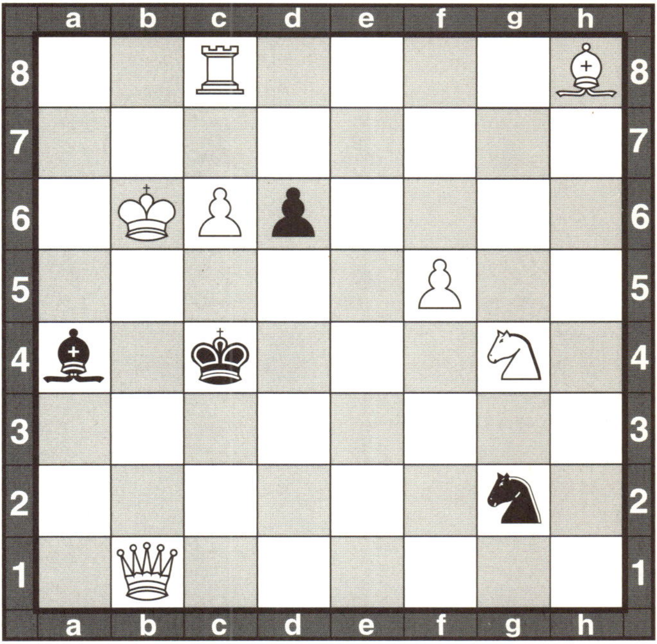

Lösung von Seite 29:

1. Ld7
1. ... Kc4
 2. Se3++
1. ... Ke4
 2. Lc6++
1. ... Te5+
 2. Se3++
1. ... T ~
 2. Dd3++
1. ... S ~
 2. D(x)e6++

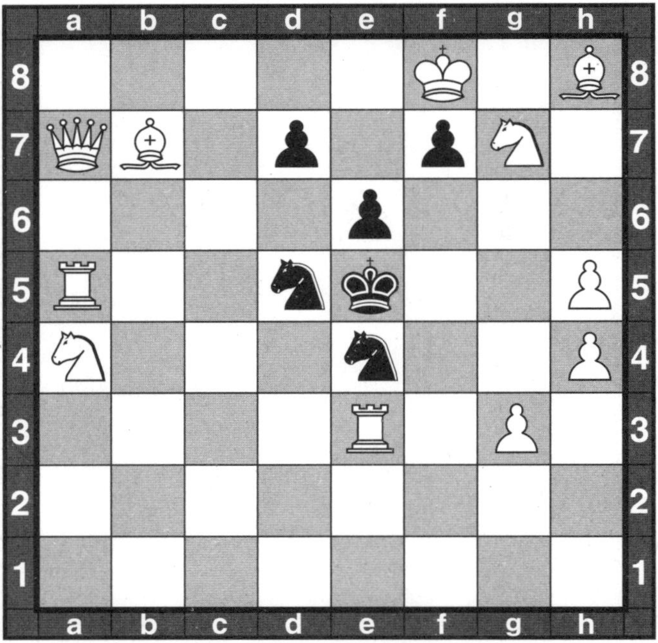

Lösung von Seite 30:

1. Te3
1. ... Ke6
   2. Dc6++
1. ... Kc4
   2. Sb6++
1. ... Lxd4/Sxd4
   2. c4++
1. ... Ld6/Sd6
   2. Sb6++
1. ... Sxe3+
   2. Sxe3++
1. ... f6
   2. g8D++
1. ... ~
   2. Db5++

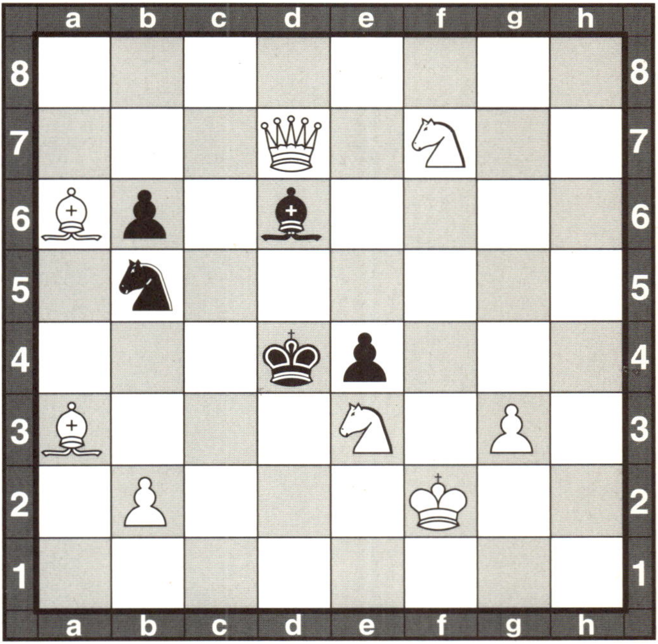

Lösung von Seite 31:

1. La1
1. ... Kd5
   2. Dd3++
1. ... d5
   2. Se5++
1. ... Lb3
   2. De4++
1. ... L ~
   2. D(x)b5++
1. ... S ~
   2. S(x)e3++

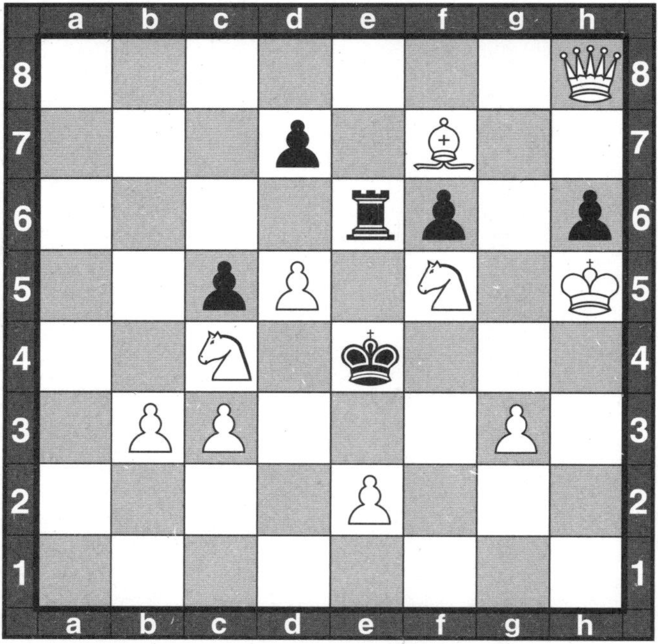

Lösung von Seite 32:

1. Sb6
1. ... Kd4
   2. Sf5++
1. ... Kd6
   2. Se8++
1. ... Kf6
   2. Sxd7++
1. ... d6
   2. Sd7++
1. ... f6
   2. Sc4++
1. ... f5
   2. Se8++

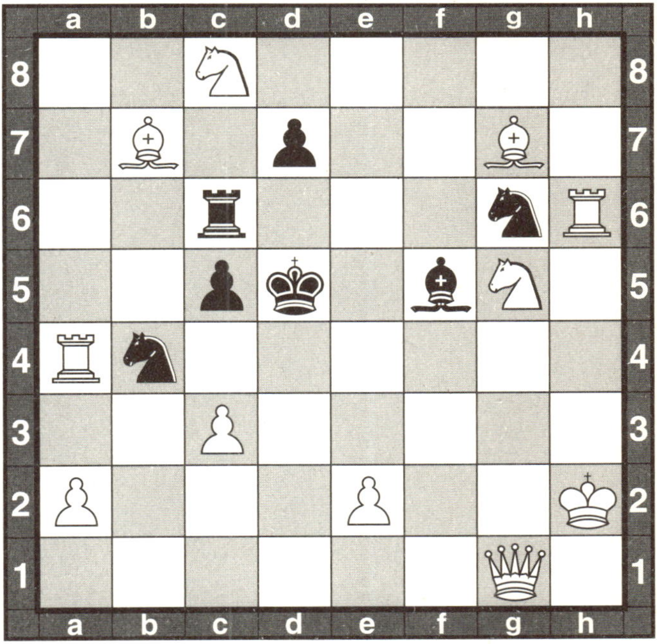

Lösung von Seite 33:

1. Sd8
1. ... Ke5
   2. Dg7++
1. ... Kd3
   2. Dxd6++
1. ... Sc7/c3
   2. Sc6++
1. ... S ~
   2. Dxd6++

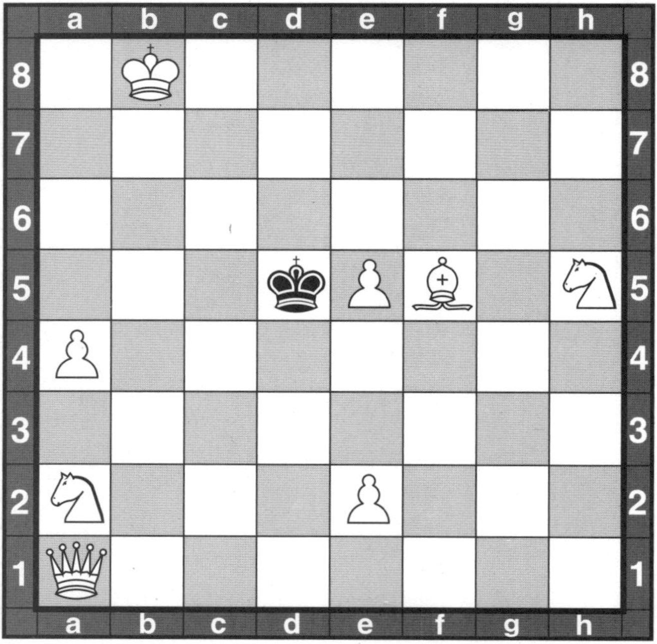

Lösung von
Seite 34:

1. De8
1. ... Kxd5
2. Da8++
1. ... Kxf5
2. Lg6++
1. ... Te5
2. Scd6++
1. ... T ~
2. Sfd6++
1. ... d6
2. Dxe6++

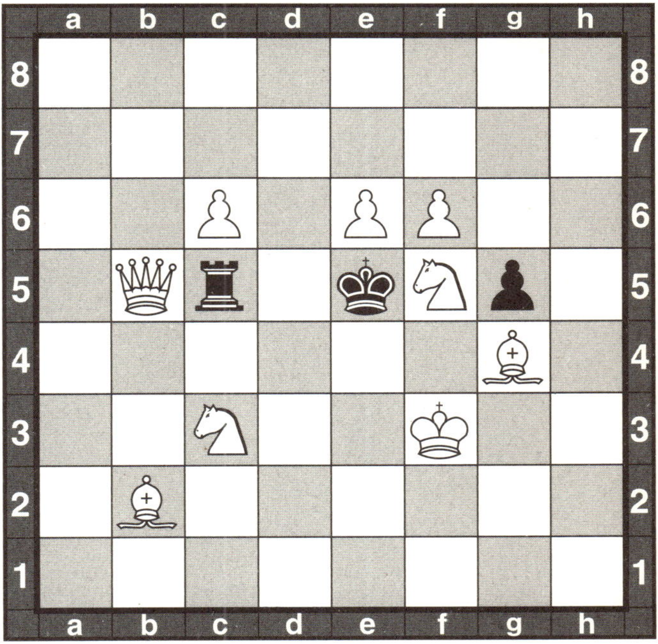

Lösung von
Seite 35:

1. Df1
1. ... Kc4
2. e4++
1. ... S4 ~
2. c4++
1. ... S6 ~/d6
2. Sb6++
1. ... Le6
2. e4++
1. ... L ~
2. Df7++
1. ... c4
2. Ta5++

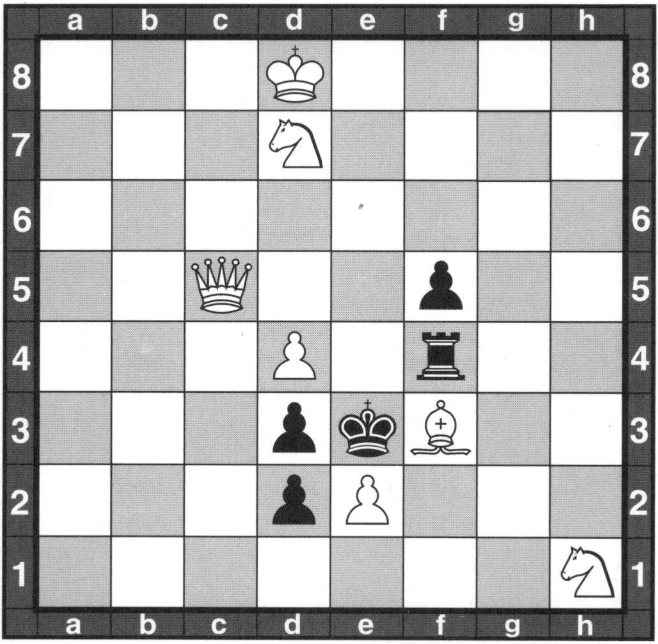

Lösung von Seite 36:

1. Dg1
1. ... Kxe5
   2. Dc5++
1. ... Kc4
   2. Le6++
1. ... Kc6
   2. Sb4++

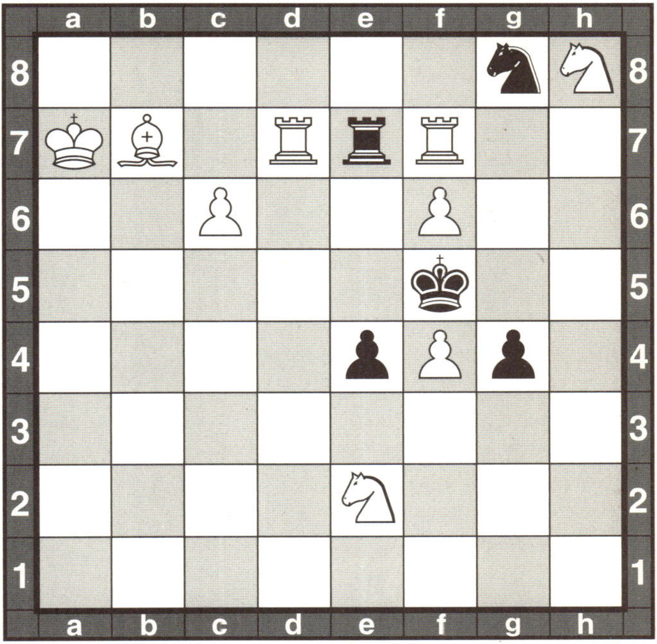

Lösung von Seite 37:

1. Se7
1. ... Kd4
2. Se2++
1. ... Kxf6
2. Scd5++
1. ... Kd6
2. Db8++
1. ... Txb5
2. Sxb5++
1. ... Td5
2. Se4++

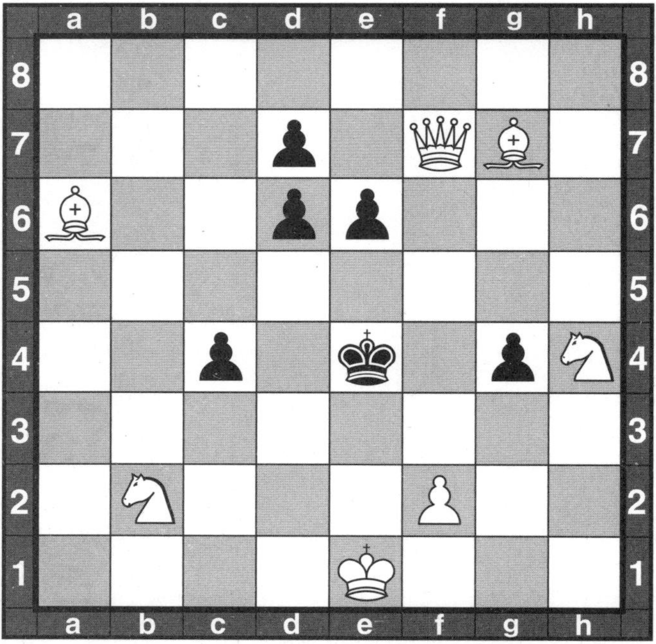

Lösung von Seite 38:

1. Sb6
1. ... Txf3
 2. De5++
1. ... T~
 2. Sd5++
1. ... dxe2
 2. Dc3++
1. ... d1D
 2. Sc4++

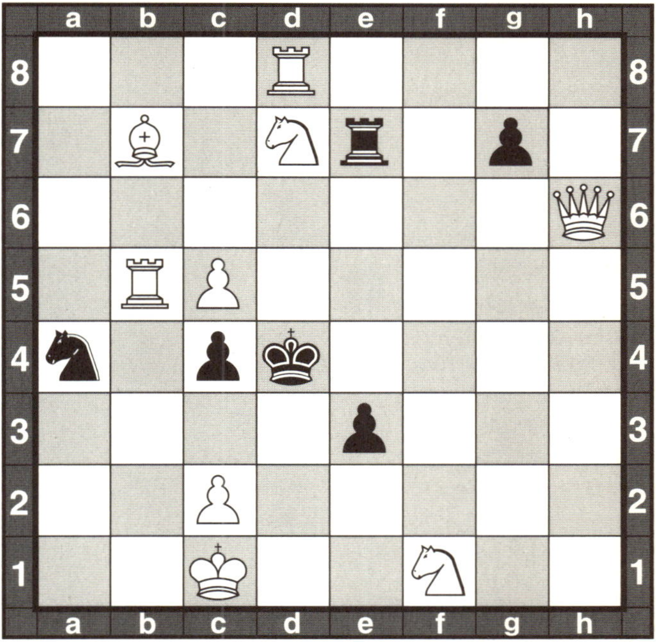

Lösung von Seite 39:

1. Lc8
1. ... Ke6
2. Sd4++
1. ... Txd7+
2. Lxd7++
1. ... Txf7
2. Txf7++
1. ... T ~
2. Td5++
1. ... Sxf6/~
2. Tdxe7++

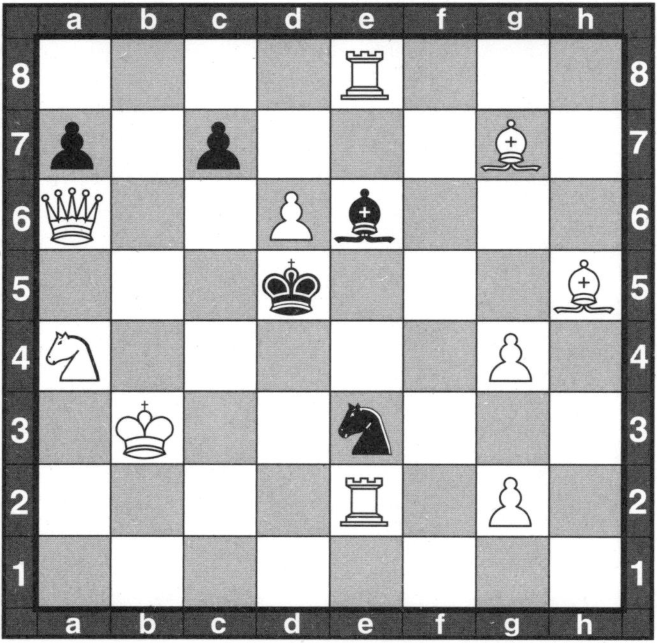

Lösung von Seite 40:

1. Sa4
1. … Kd3
2. Dg6++
1. … Kd5
2. Lb7++
1. … e5
2. Dxc4++
1. … d5
2. Sc5++
1. … c3
2. Sxc3++
1. … g3
2. Df3++

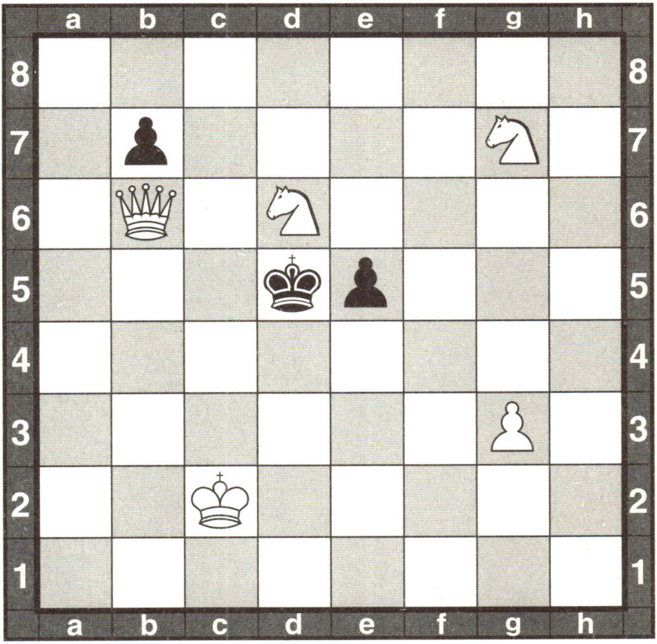

Lösung von Seite 41:

1. Sg3
1. ... Kc3
2. Se2++
1. ... Txd7
2. Dxg7++
1. ... e2
2. Dd2++
1. ... c3
2. Tb4++
1. ... Sc3
2. Sf5++
1. ... ~
2. Se2++

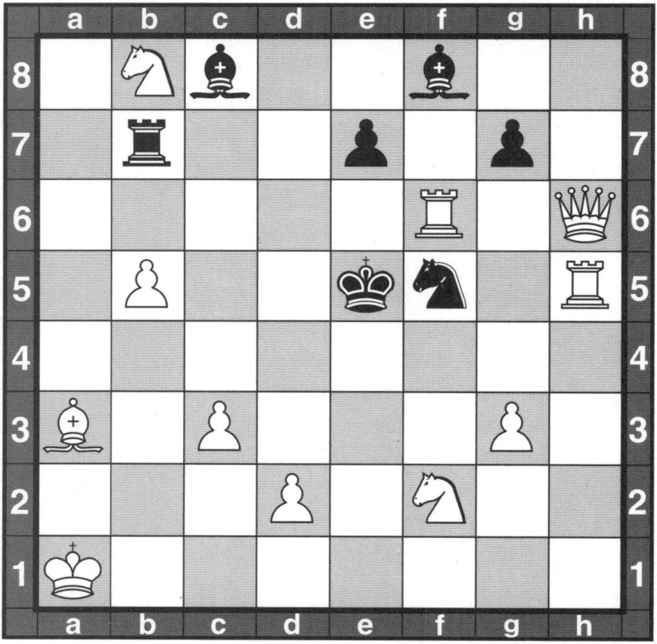

Lösung von
Seite 42:

1. Lf7
1. ... Ke4+
2. Dc4++
1. ... Lxf7
2. Td2++
1. ... cxd6
2. Db7++
1. ... c6
2. Dd3++
1. ... c5
2. Sc3++
1. ... S ~
2. Lxe6++

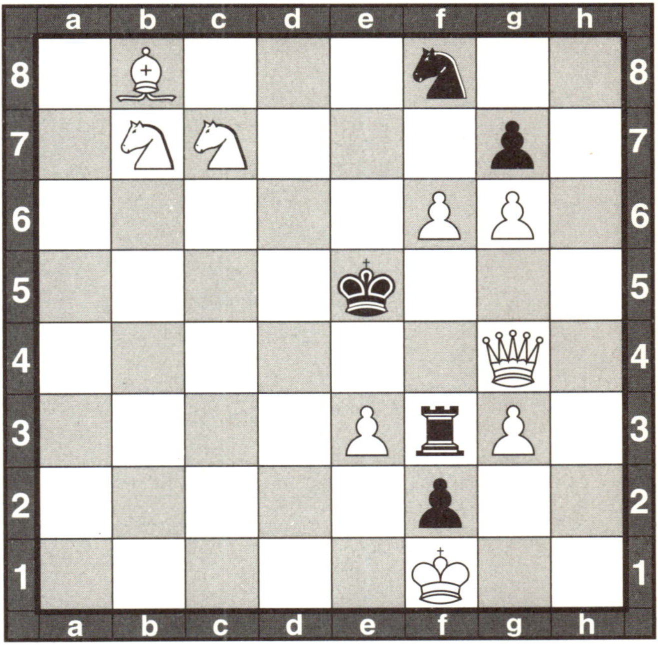

Lösung von Seite 43:

1. S6f5
1. ... Kc4
2. Se3++
1. ... Ke4
2. Dxb7++
1. ... e4
2. Db5++

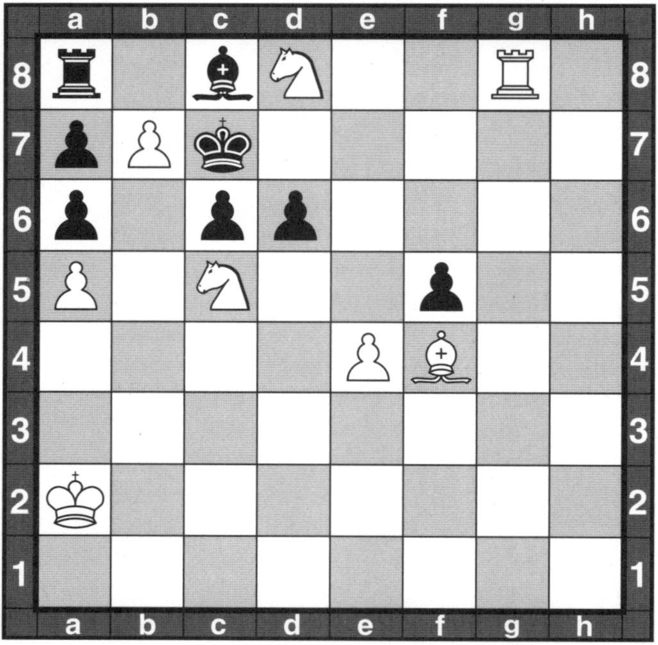

Lösung von Seite 44:

1. c4
1. ... Kd4
2. Df4++
1. ... exf6/gxf6
2. De3++
1. ... gxh6/g6/Ld7
2. Lb2++
1. ... Tc7/Tb6/Txb8
2. Lb2++

1. ... ~
2. Sc6++

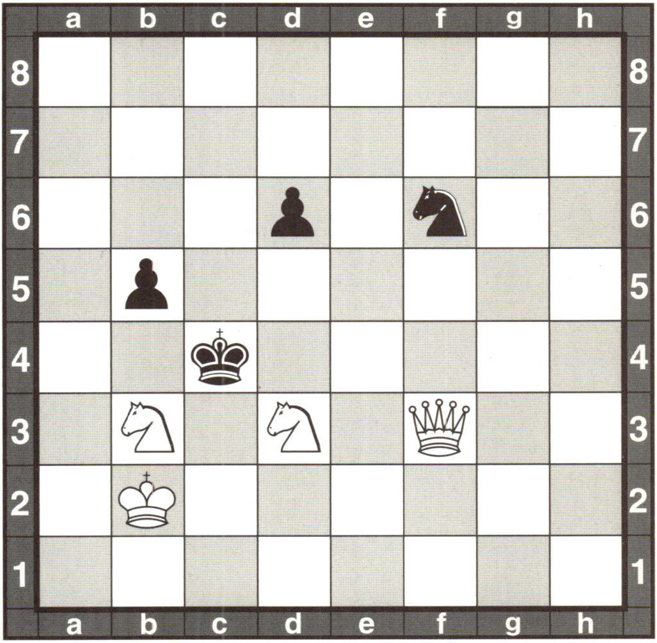

Lösung von Seite 45:

1. Sa5
1. ... Kd6
2. Dd4++
1. ... Kxf6
2. Sd5++
1. ... gxf6/Txf6
2. Sc4++
1. ... Tf5
2. Dd4++
1. ... T ~
2. D(x)f4++
1. ... S ~
2. D(x)e6++

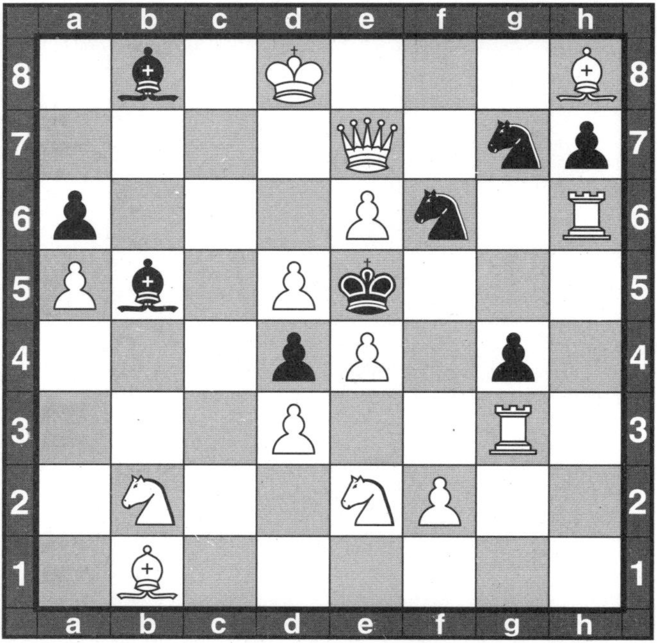

Lösung von Seite 46:

1. e5
1. ... Kb8
 2. Sxa6++
1. ... dxc5/d5
 2. e6++
1. ... dxe5
 2. Lxe5++
1. ... Tb8
 2. exd6++
1. ... Lxb7/Le6+
 2. S8(x)e6++
1. ... Ld7
 2. Sxa6++

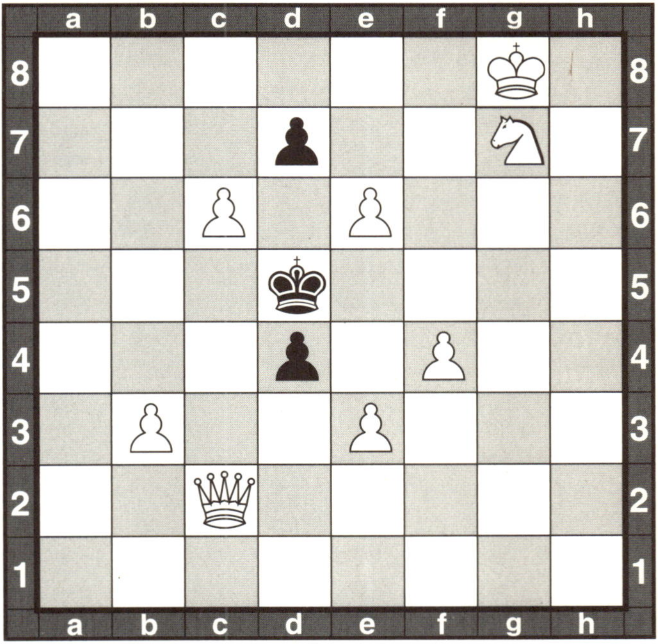

Lösung von
Seite 47:

1. De2
1. ... Kd5
2. Sb4++
1. ... b4
2. Sf4++
1. ... d5
2. Dc2++
1. ... S ~
2. D(x)e4++

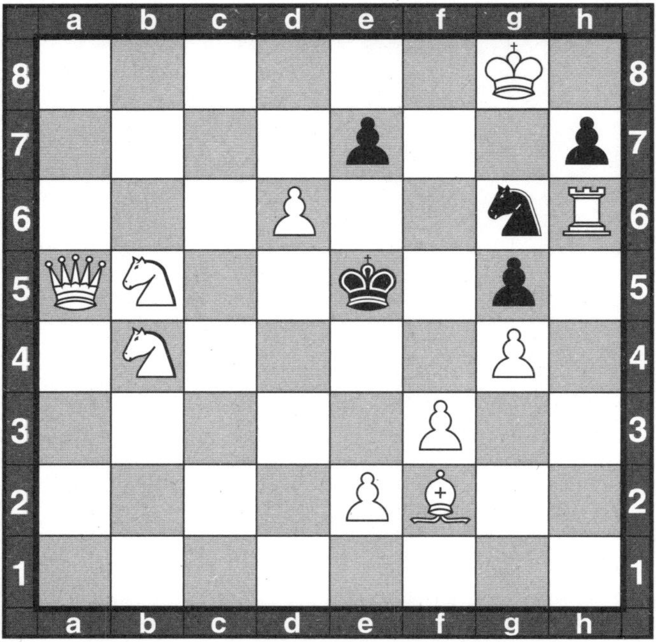

Lösung von Seite 48:

1. Te3
1. ... dxe3
 2. d4++
1. ... g3
 2. f4++
1. ... Sf5
 2. Lxf6++
1. ... Sxe6+
 2. Dxe6++
1. ... Sd7
 2. exd7++
1. ... S ~
 2. T(x)h5++
1. ... Ld6
 2. Dxf6++
1. ... L8 ~
 2. D(x)c7++
1. ... Lxd3
 2. Sxd3++
1. ... L5 ~
 2. S(x)c4++

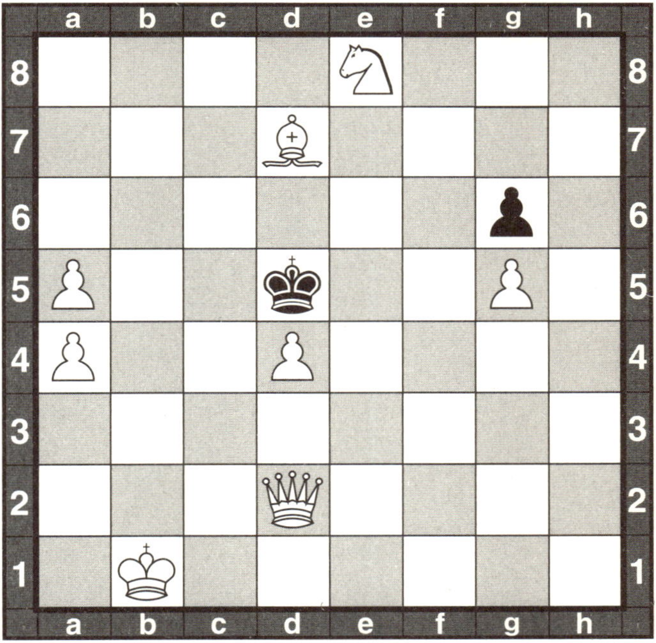

Lösung von Seite 49:

1. Se8 1. ... ~
2. Dc4++

1. ... Kxe6
2. De4++

1. ... dxc6
2. Df5++

1. ... d6
2. Sc7++

1. ... dxe6
2. e4++

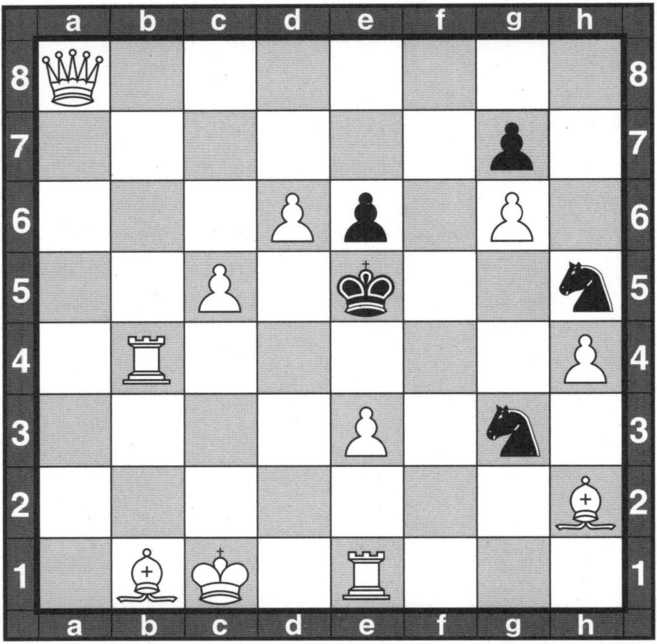

Lösung von Seite 50:

1. Dd8
1. ... Kf6/Ke6
   2. Dxe7++
1. ... Kf4
   2. Sd3++
1. ... e6
   2. Dxg5++
1. ... exd6
   2. Dxd6++

1. ... Sf4
   2. Ld4++
1. ... S ~
   2. Lg3++

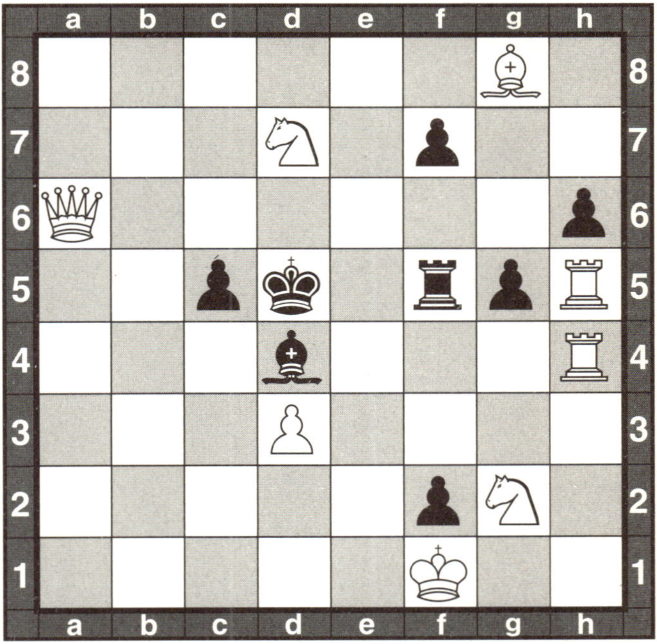

Lösung von Seite 51:

1. Lg4
1. ... Kc6
2. Dg2++
1. ... Kc4
2. Le6++
1. ... Ke4
2. Sf6++

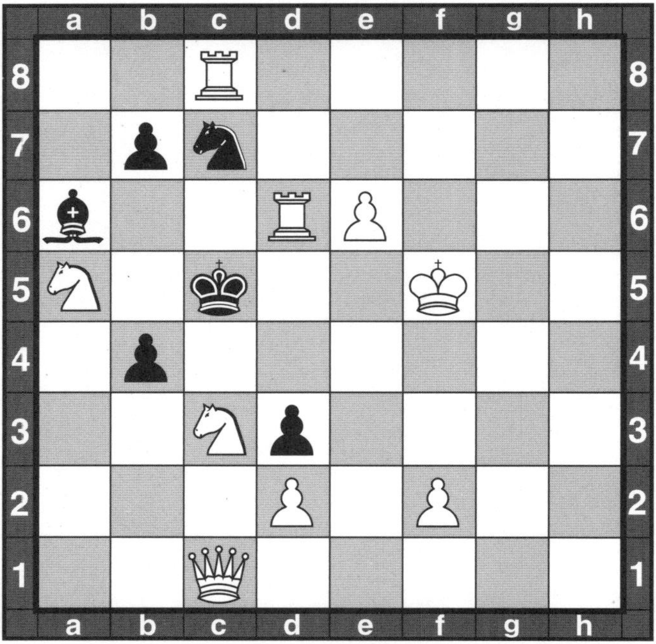

	1. e4
	1. ... Kf4
Lösung von	2. e5++
Seite 52:	1. ... Kf6
	2. e5++
	1. ... Sf4
	2. Da1++
	1. ... Sf6
	2. Lxg3++

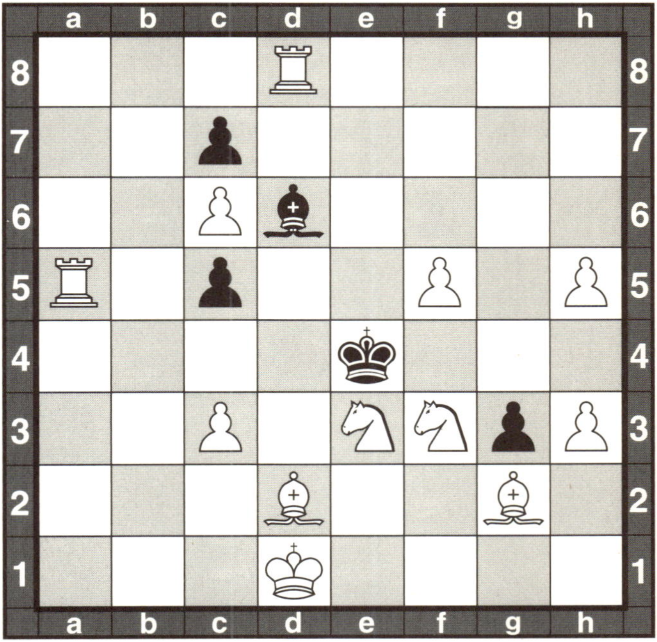

Lösung von Seite 53:

1. Lh7

1. ... Te5
   2. Sf6++

1. ... Tf4/gxh4/g4
   2. S(x)f4++

1. ... T ~
   2. Le4++

1. ... f6
   2. Lg8++

1. ... L ~
   2. S(x)e3++

1. ... c4
   2. dxc4++

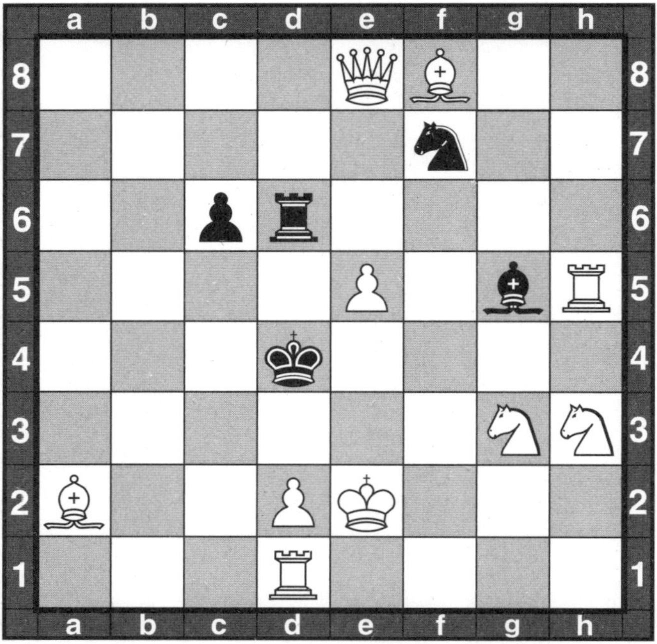

Lösung von Seite 54:

1. Db2
1. ... Kxd6
   2. Dxb4++
1. ... Lb5/b5
   2. Se4++
1. ... Lc4
   2. Sxb7++
1. ... b6
   2. Td5++
1. ... b3
   2. Da3++
1. ... bxc3
   2. Db6++

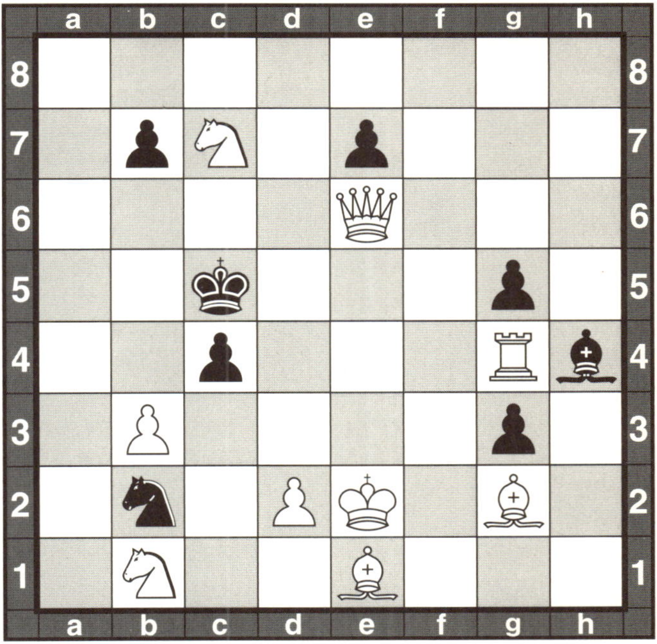

Lösung von
Seite 55:

1. Sg4
1. ... Kxf5
2. Sd4++
1. ... Kd3
2. Sfe5++
1. ... Kd5
2. Sfe5++
1. ... L ~
2. Sh4++

1. ... c4
2. Se1++

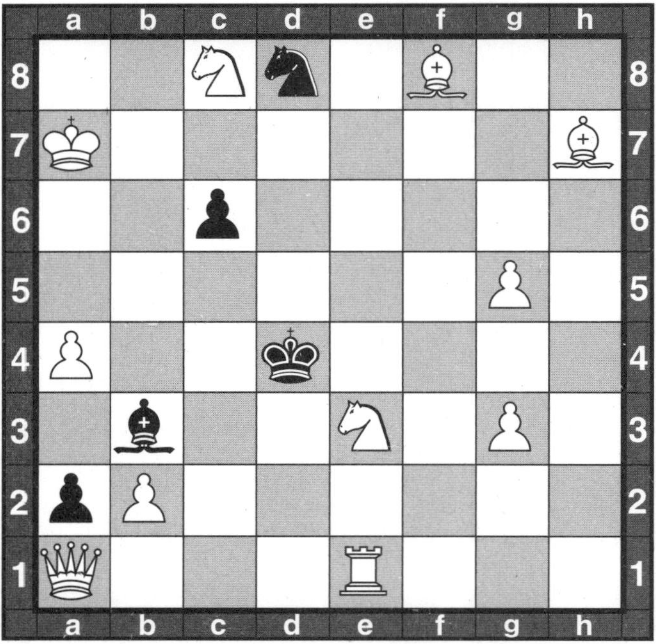

Lösung von Seite 56:

1. Db8
1. ... ~
2. Db2++
1. ... Kxe5
2. Lg7++
1. ... Kc5
2. d4++
1. ... L ~
2. Db4++
1. ... S ~
2. Dxd6++

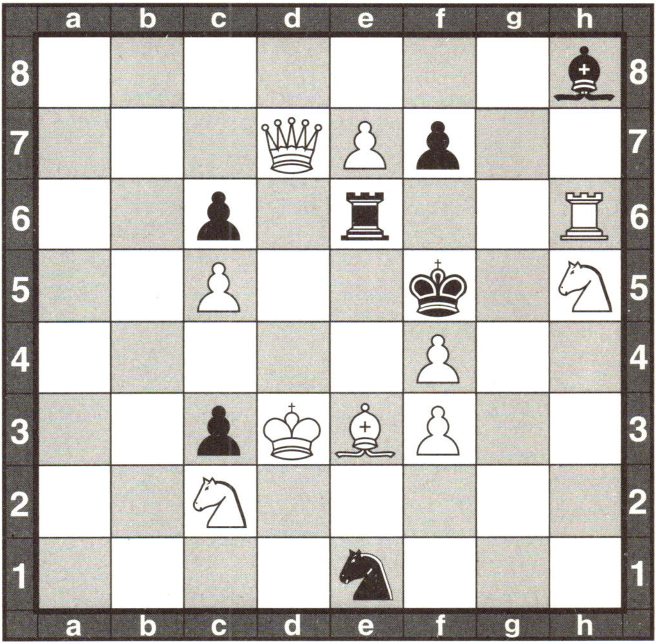

Lösung von Seite 57:

1. Kf1
1. ... Kb4
   2. Db6++
1. ... cxb3
   2. d4++
1. ... c3
   2. b4++
1. ... b6
   2. Dxe7++
1. ... b5
   2. Sa6++
1. ... S ~
   2. Txc4++

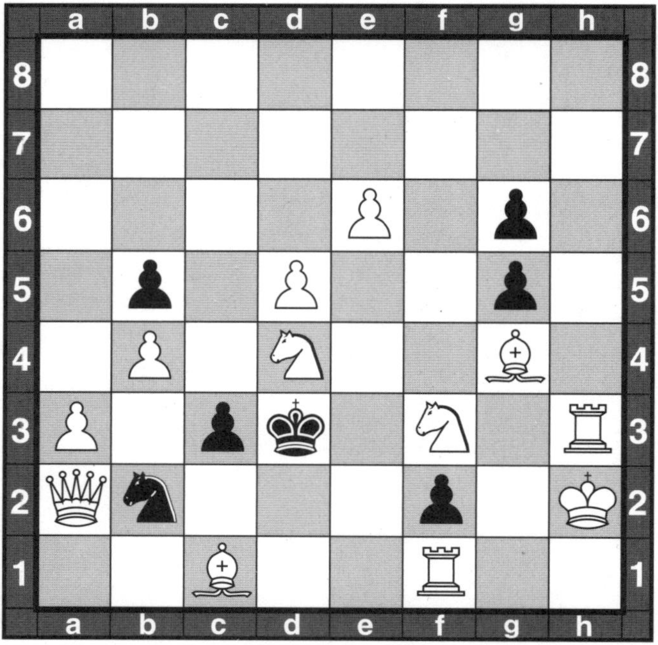

Lösung von Seite 58:

1. Se7
1. … Kc5
   2. S7f5++
1. … Ke5
   2. S3f5++
1. … L ~
   2. b4++
1. … S ~
   2. Sxc6++

1. … c5
   2. Lg7++

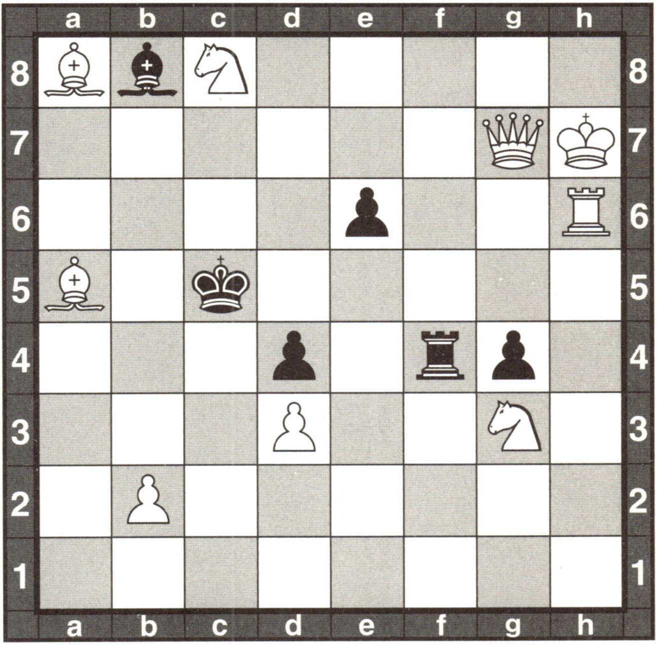

Lösung von Seite 59:

1. Sxe1
1. ... Lg7
2. Sxg7++
1. ... Lf6
2. Txf6++
1. ... Le5
2. Sg3++
1. ... Ld4
2. Sg3++
1. ... f6
2. Sd4++
1. ... S ~
2. Sg3++

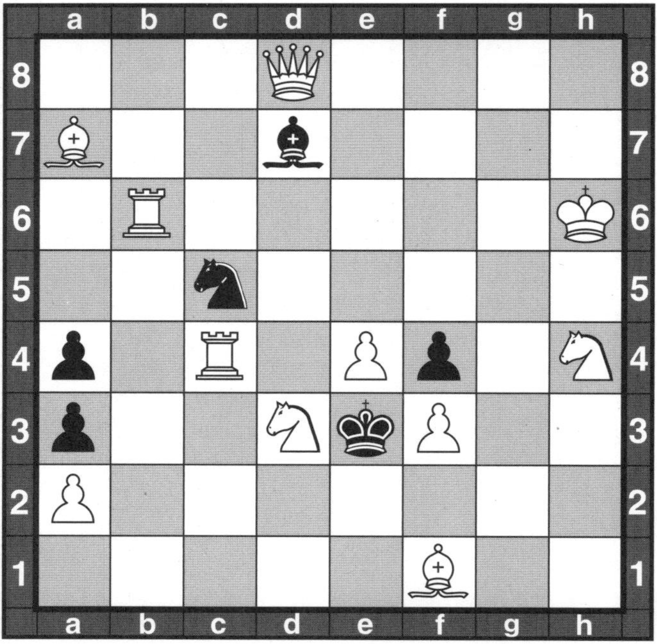

Lösung von
Seite 60:

1. Sb3
1. ... Ke2
2. Sfd2++
1. ... Kc2
2. Sfd4++
1. ... Kc4
2. Sc5++
1. ... Ke4
2. Sc5++
1. ... c2/Sa4
2. Sfd2++
1. ... S ~
2. Sc5++

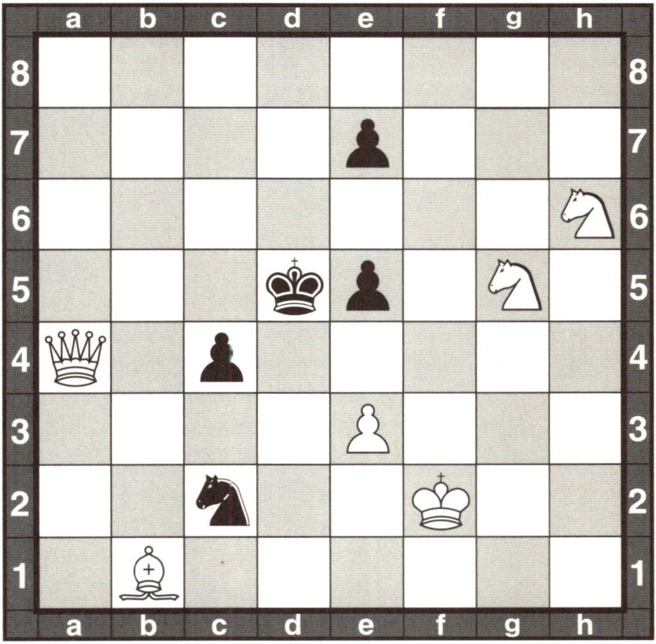

Lösung von Seite 61:

1. Sa7
1. ... Kd6
2. Lb4++
1. ... Lxa7
2. Dxe5++
1. ... Lc7
2. Dxc7++
1. ... e5/Ld6
2. b4++
1. ... T ~
2. S(x)e4++

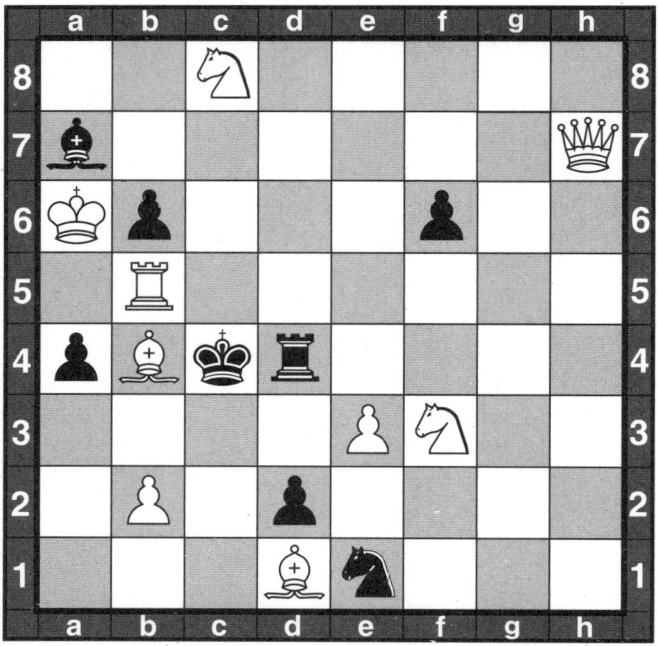

Lösung von Seite 62:

1. Tc2
1. ... Kd4
2. Sf5++
1. ... L ~
2. Te2++
1. ... Sxd3/Sb3
2. T(x)b3++
1. ... Sxe4/Se6
2. T(x)e6++
1. ... Sb7
2. Txb7++
1. ... Sa6
2. Txa6++

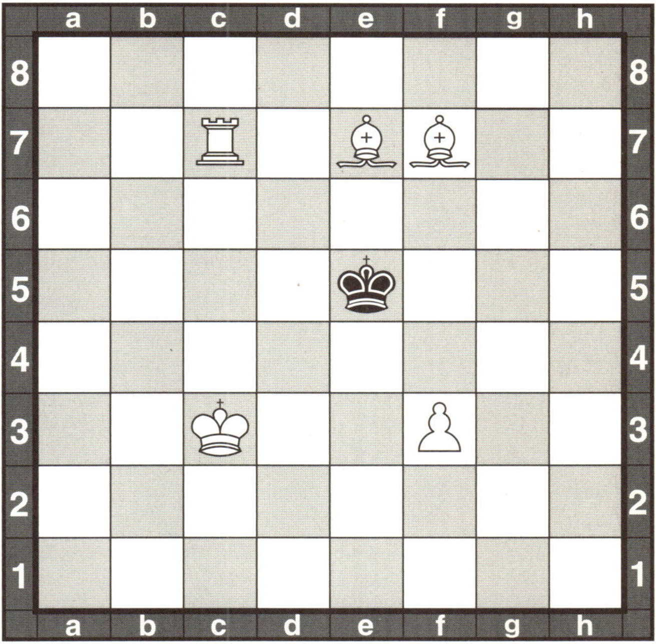

Lösung von Seite 63:

1. Se4
1. ... Kxe4
 2. Dxc4++
1. ... Ke6
 2. Dc6++
1. ... e6
 2. Da8++
1. ... S ~
 2. Dd7++
1. ... c3
 2. La2++

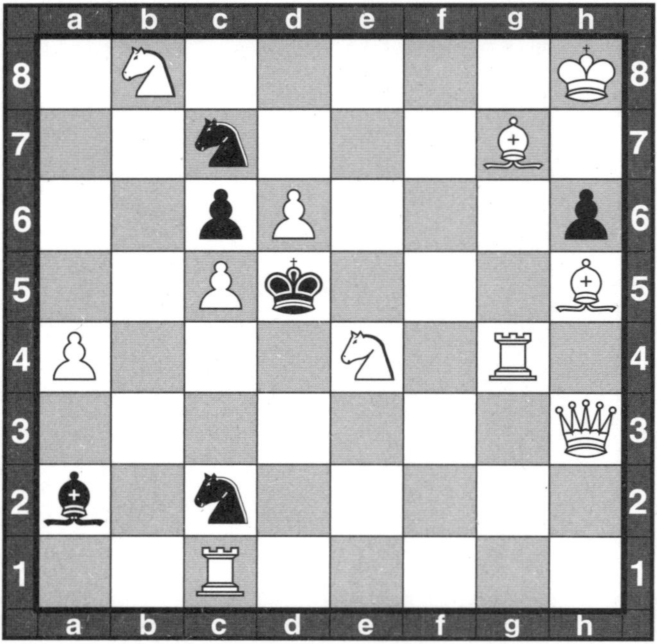

Lösung von Seite 64:

1. Ld6
1. ... Txd6
   2. Sxd6++
1. ... Td5
   2. Tb4++
1. ... Td3
   2. Dc7++
1. ... Te4
   2. Dxe4++
1. ... T ~ /Sd3
   2. Sxd2++
1. ... S ~
   2. D(x)c2++
1. ... Lb8
   2. Sxb6++
1. ... a3
   2. Lb3++
1. ... f5
   2. Se5++

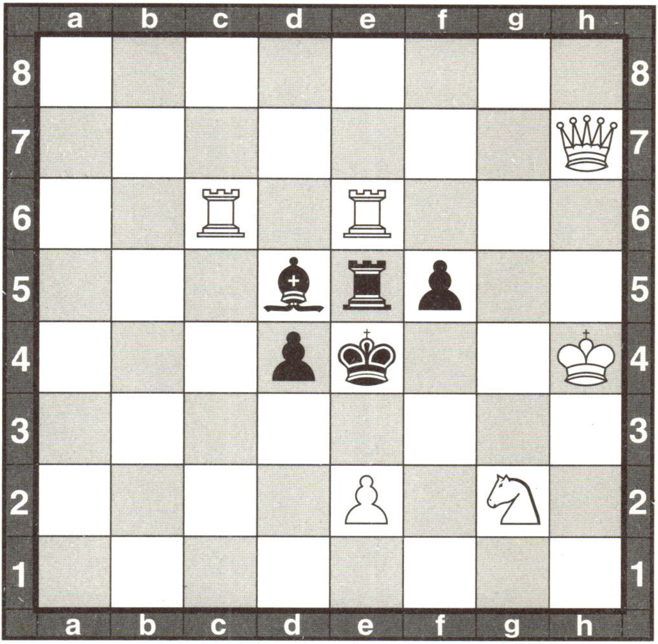

Lösung von Seite 65:

1. Lg5
1. ... Kf5
2. Tc5++
1. ... Kd6
2. Lf4++

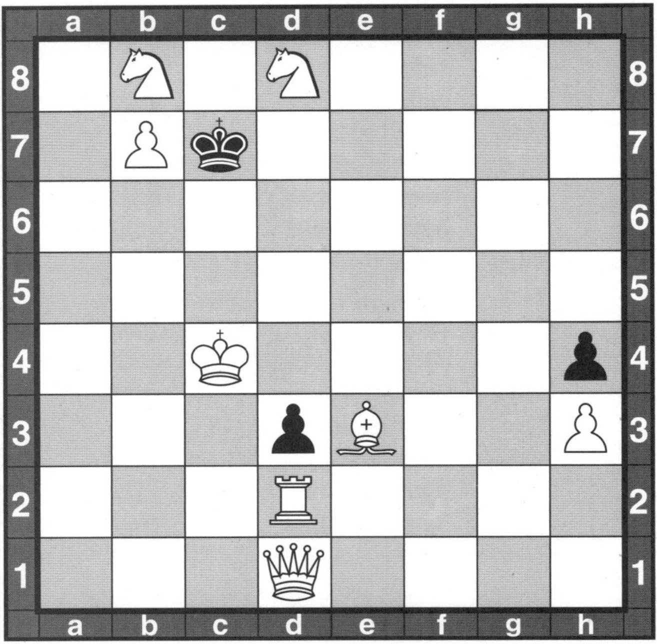

Lösung von
Seite 66:

1. Sa6
1. ... Ke6
2. Tg5++
1. ... Kc4
2. Sf6++
1. ... Lc4/S2 ~
2. Sxc7++
1. ... L ~
2. D(x)b3++
1. ... Se6
2. Sc3++
1. ... S7 ~
2. Lf7++

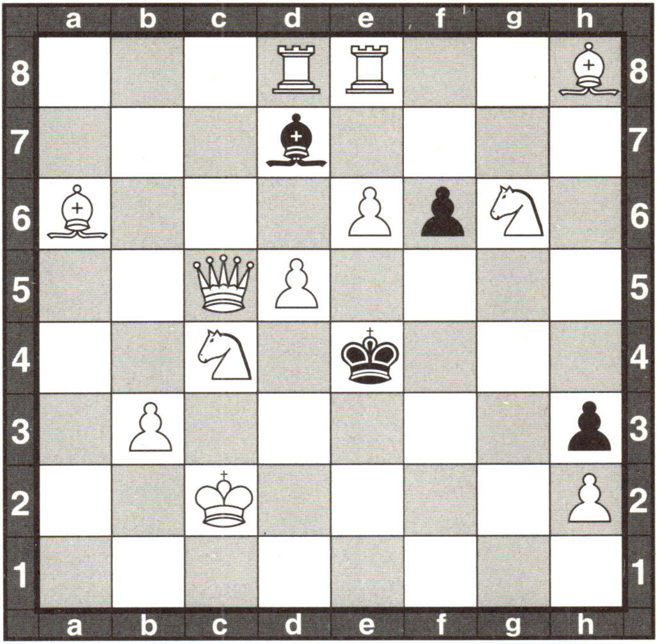

Lösung von Seite 67:

1. Db7
1. ... Lxe6
2. Txe6++
1. ... Lxc6
2. Dxc6++
1. ... L ~
2. T(x)c4++
1. ... Txe6
2. Txe6++
1. ... d3
2. Tc4++
1. ... f4
2. Dh7++

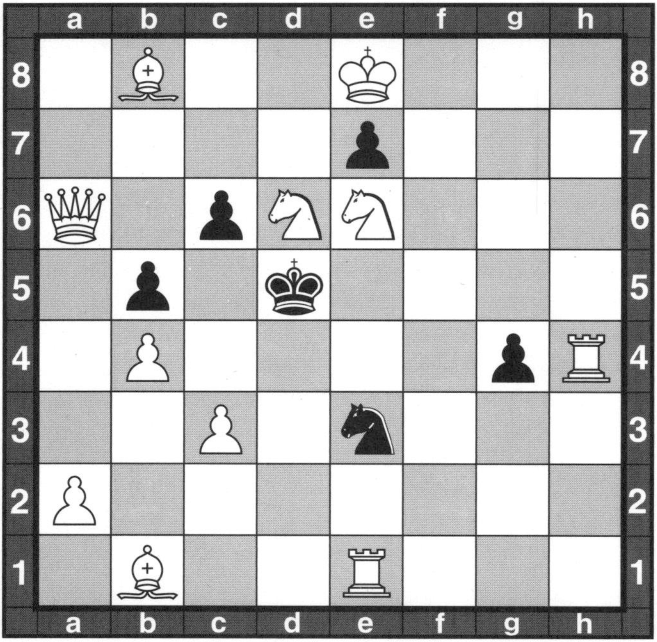

Lösung von Seite 68:

1. De2
1. … Kxb8
2. Dh2++
1. … Kxd8
2. Lb6++
1. … Kd6
2. Lf4++
1. … dxe2
2. Sa6++

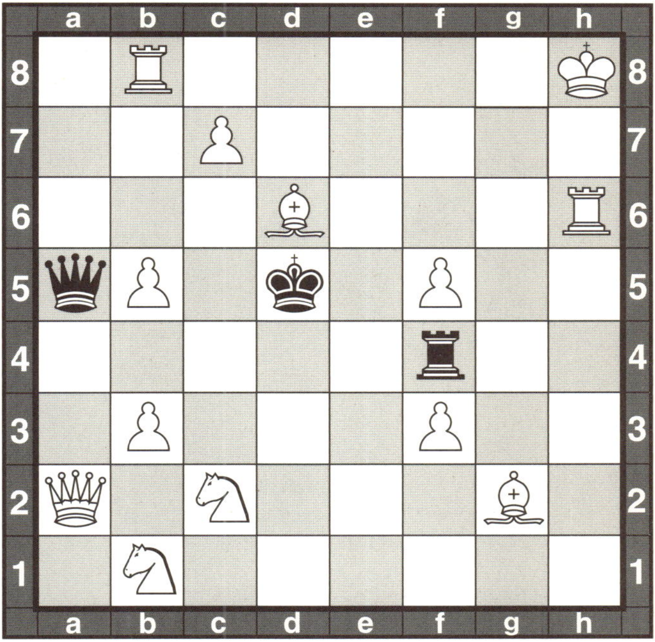

Lösung von
Seite 69:

1. Dg1
1. ... Kxd5
2. Lb7++
1. ... Kf3
2. Sd2++
1. ... Kf5
2. Sd6++
1. ... f5
2. Dh1++

1. ... ~
2. Dg4++

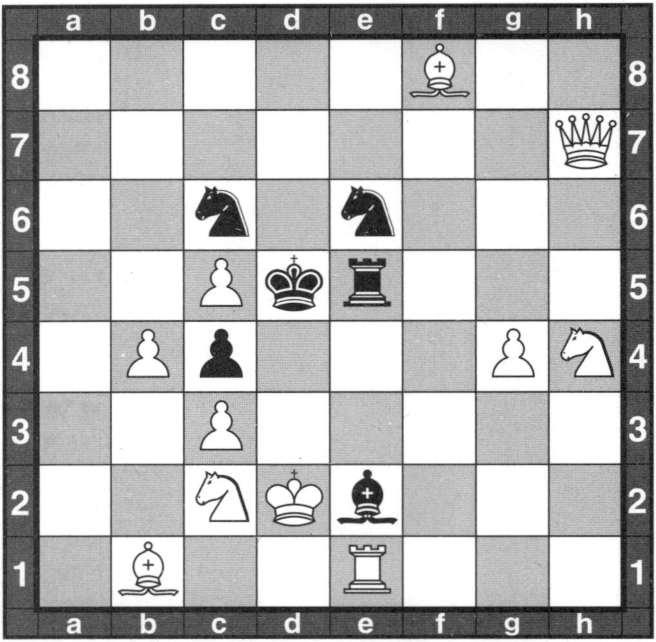

Lösung von Seite 70:

1. Sc4
1. ... Kxc4/xe6
 2. Dxc6++
1. ... bxc4/Sxc4
 2. Sf4++
1. ... S ~
 2. Sb6++
1. ... g3
 2. Sc7++
1. ... c5
 2. Sxe3++

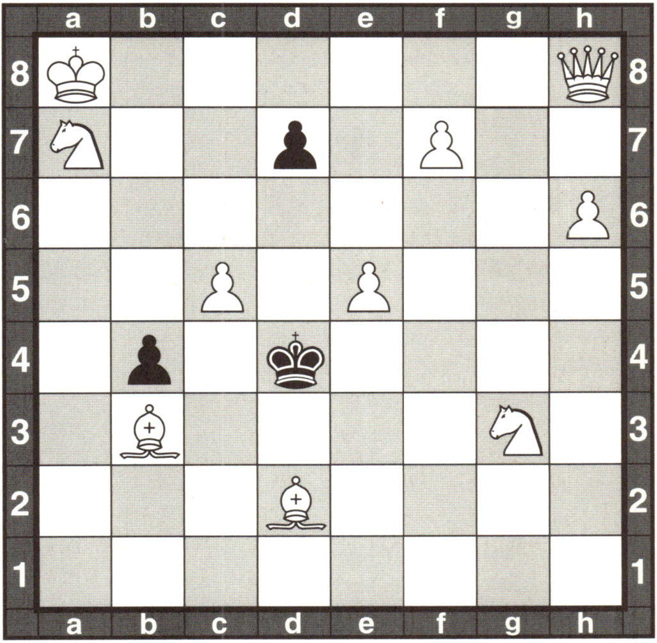

Lösung von Seite 71:

1. Tb6
1. ... Db4/Dd2/De1
   2. Da8++
1. ... D ~/Tb4
   2. S(x)c3++
1. ... Ta4
   2. bxa4++
1. ... Tc4
   2. bxc4++
1. ... Td4
   2. Se3++
1. ... Te4
   2. fxe4++
1. ... Txf3
   2. Lxf3++
1. ... T ~
   2. f4++

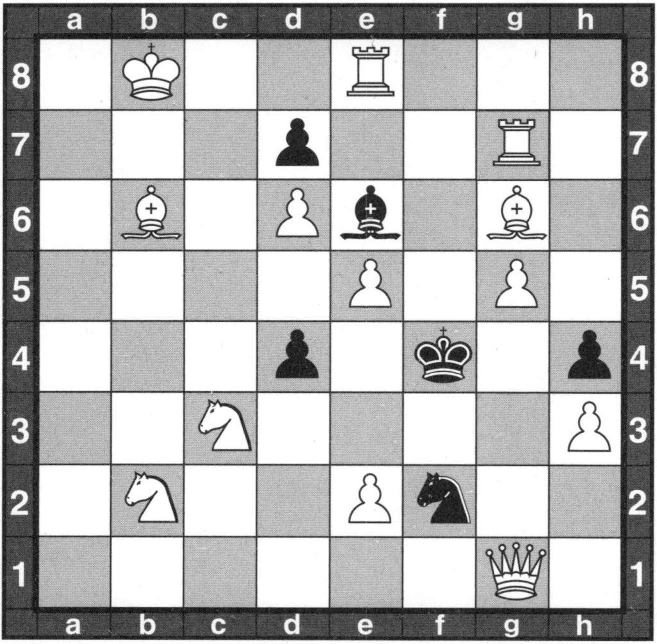

Lösung von Seite 72:

1. Sg6
1. ... Ke4
2. Dh1++
1. ... Sxb4
2. Sxb4++
1. ... Sc ~
2. S(x)e7++
1. ... Se ~
2. S(x)f4++
1. ... L ~ / Te4
2. Dd7++
1. ... T ~
2. S(x)e3++

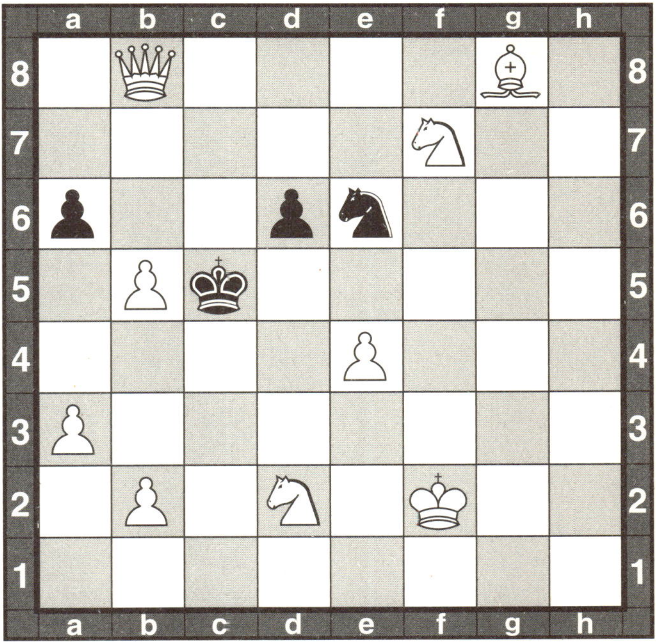

Lösung von
Seite 73:

1. Dd8
1. ... Kxe5
2. Dh8++
1. ... Kxc5
2. Le3++
1. ... Kd3
2. Dxd7++
1. ... d6
2. Dxd6++
1. ... d5
2. Dxd5++

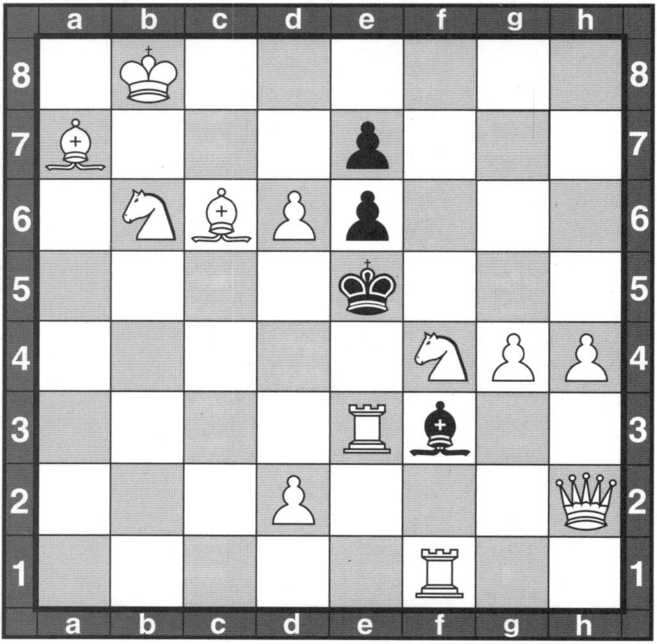

Lösung von Seite 74:

1. Lh7
1. ... Kxe5
   2. Dh2++
1. ... Ke3
   2. Dc1++
1. ... Ld5/Lg4/Lxh3
   2. S(x)d5++
1. ... L ~
   2. Dxf2++
1. ... S ~
   2. S(x)d3++
1. ... dxc3/d3
   2. Dh2++

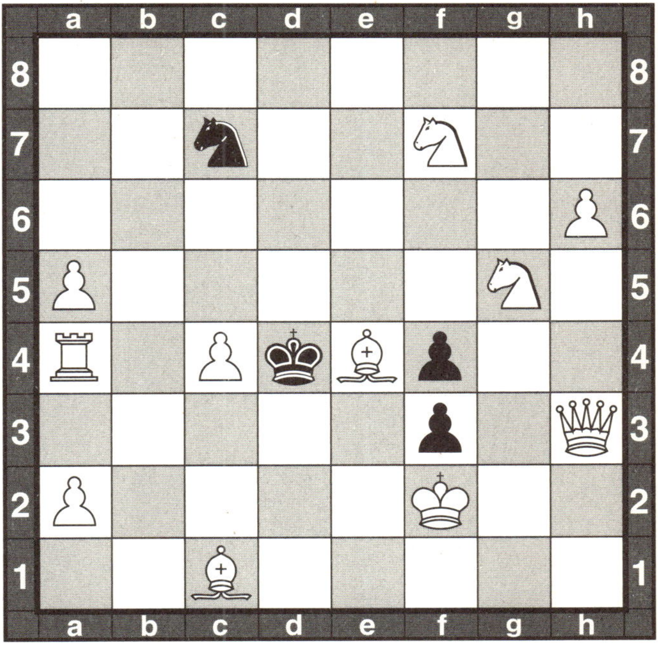

Lösung von Seite 75:

1. Sd8
1. ... Kd4
   2. Dxd6++
1. ... axb5
   2. Da7++
1. ... a5/d5
   2. Sxe6++
1. ... Sd4
   2. b4++
1. ... S ~
   2. Sb3++

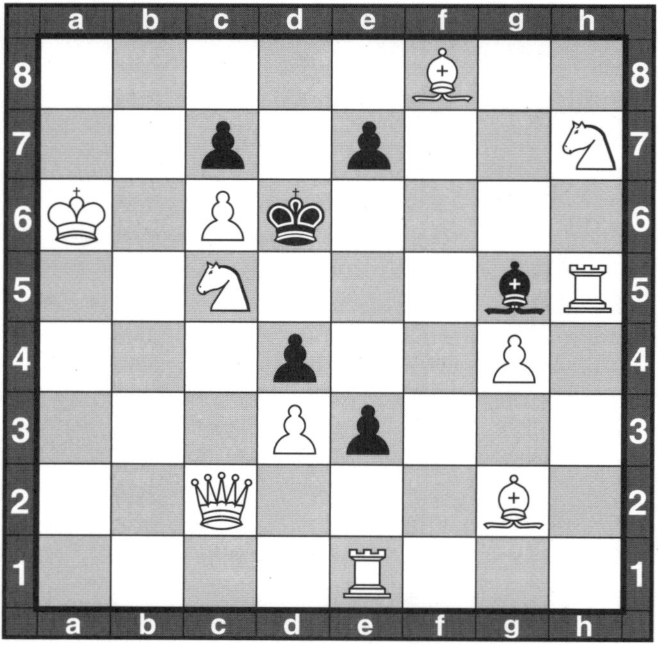

Lösung von Seite 76:

1. Le8
1. ... Kxd6
2. Sc4++
1. ... Kf6
2. Sh5++
1. ... Kd4
2. Sxe6++
1. ... exd6
2. Sd7++

1. ... L ~
2. S(x)e2++

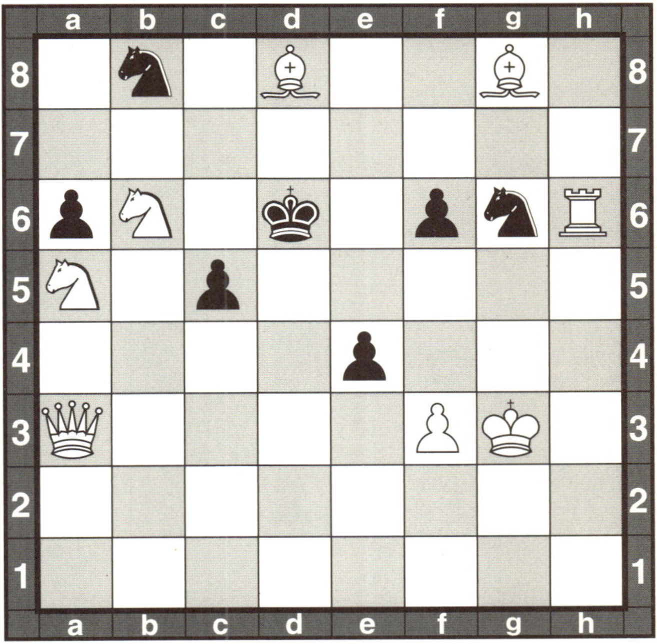

Lösung von Seite 77:

1. Dc8
1. ... Kc5
2. Se6++
1. ... Kc3
2. Dh8++
1. ... Sd5
2. cxd5++
1. ... Sb5
2. cxb5++
1. ... S ~
2. Lb2++

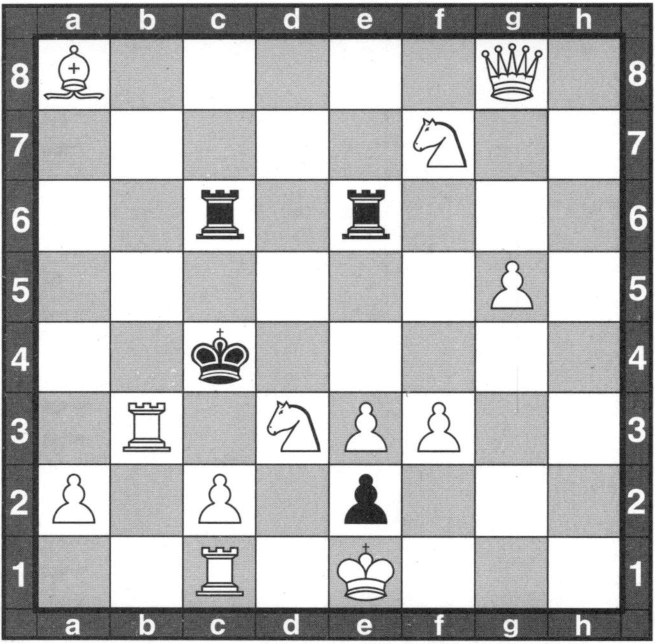

Lösung von
Seite 78:

1. Df2
1. ... Kxc5
2. Lxe7++
1. ... Ke5
2. Dg3++
1. ... exf2
2. Sb7++
1. ... e2
2. Dxd4++
1. ... Lf6/Lh6
2. D(x)f6++
1. ... L ~
2. D(x)f4++

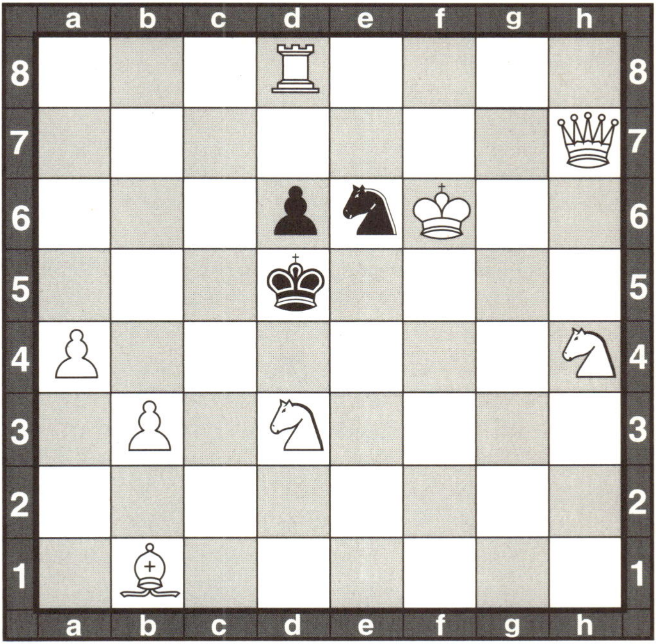

Lösung von Seite 79:

1. De3
1. ... Ke5
2. Dxc5++
1. ... Sd7
2. Sbc4++
1. ... Sc6
2. Sac4++
1. ... c4
2. Dd4++
1. ... Se5
2. Txf6++
1. ... exf3
2. De6++
1. ... ~
2. D(x)f4++

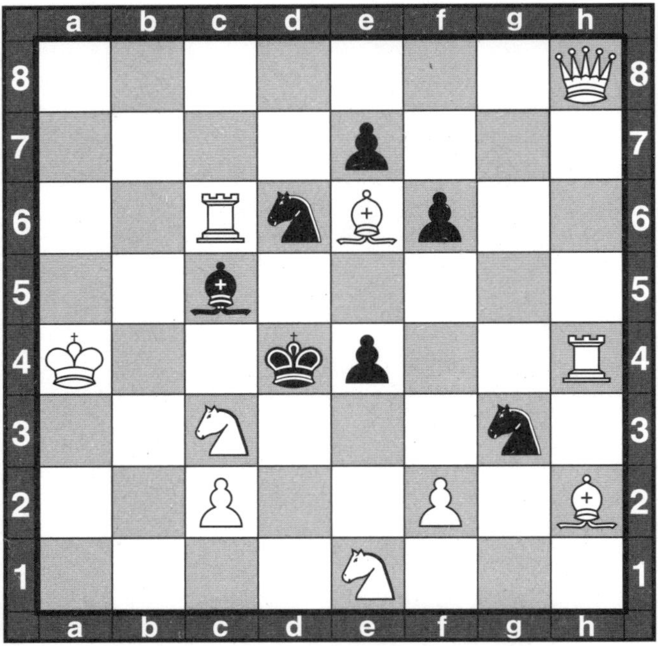

Lösung von
Seite 80:

1. c3
1. ... Kxd3
   2. c4++
1. ... Kd5
   2. c4++
1. ... Tc5
   2. Sb2++
1. ... T ~
   2. Sf(x)e5++

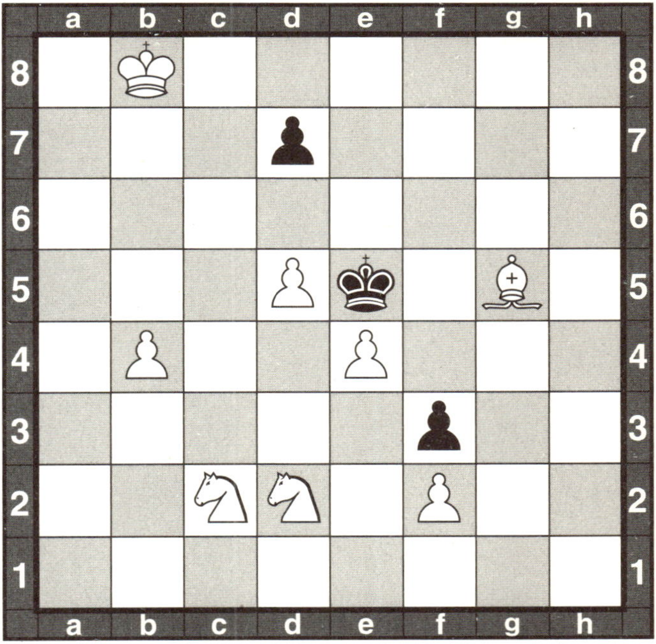

Lösung von Seite 81:

1. Sf5
1. ... Ke4
2. Dh1++
1. ... Kc6
2. Txd6++
1. ... Sd4
2. Se7++
1. ... Sc5
2. Sb4++
1. ... Sg5/Sf4
2. Db7++
1. ... S ~
2. Dh1++

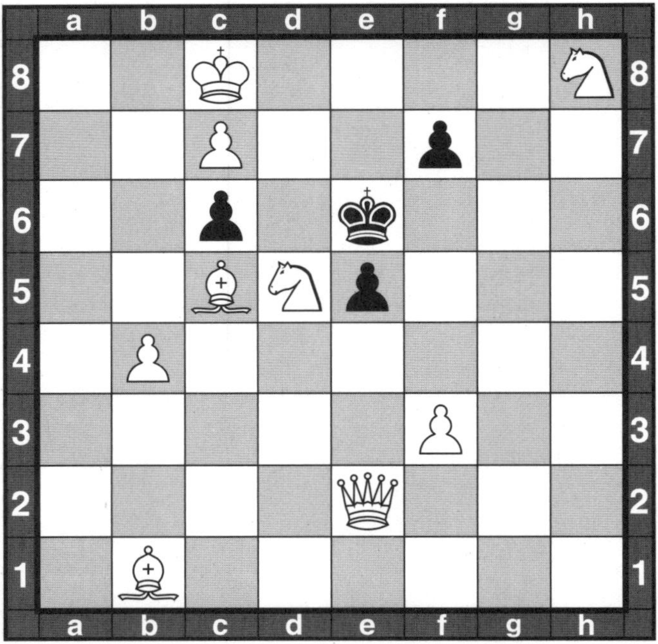

Lösung von
Seite 82:

1. Db8
1. ... Kxc3
2. Db4++
1. ... Ke5
2. Txe4++
1. ... L ~
2. Sf3++
1. ... Sd ~
2. S(x)b5++
1. ... Sg ~
2. S(x)e2++
1. ... f5
2. Dh8++

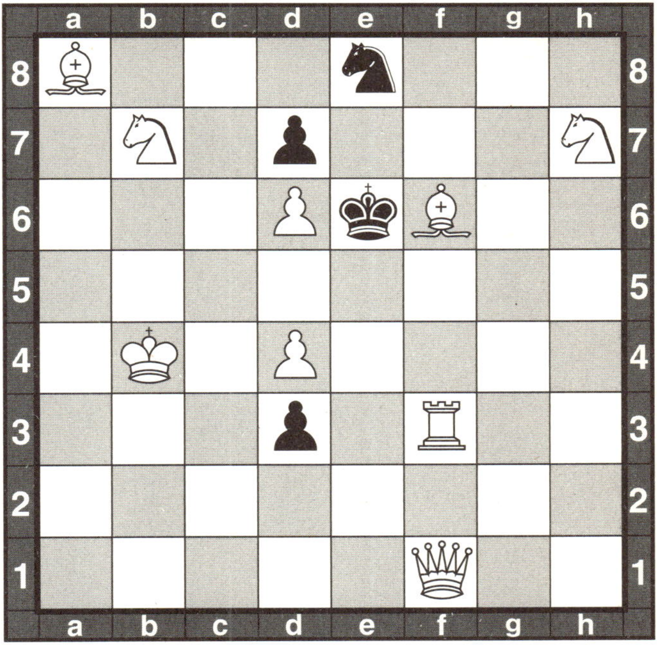

Lösung von Seite 83:

1. Se1
1. ... Kd4
   2. Lf6++
1. ... Kd6
   2. Sc4++
1. ... d6
   2. Sexf3++

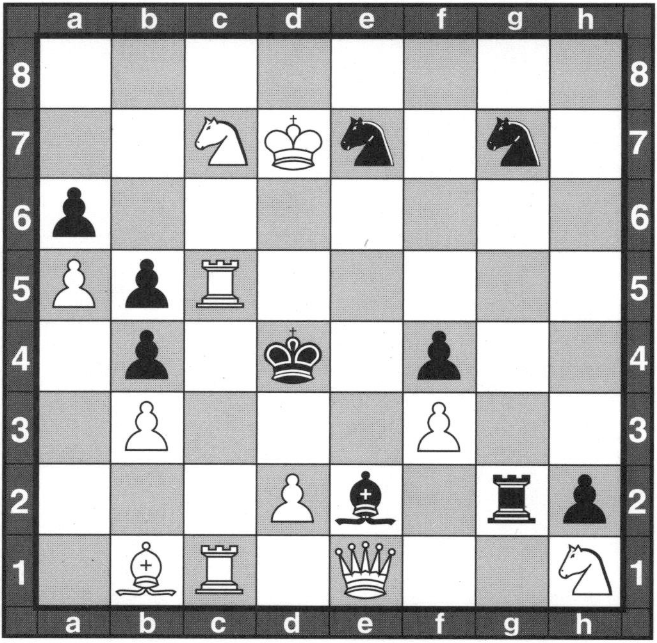

Lösung von Seite 84:

1. Lh7
1. ... Kxd5
 2. Da2++
1. ... f6
 2. Sf4++
1. ... f5
 2. Lg8++
1. ... cxd5
 2. Da6++
1. ... e4
 2. Dxe4++

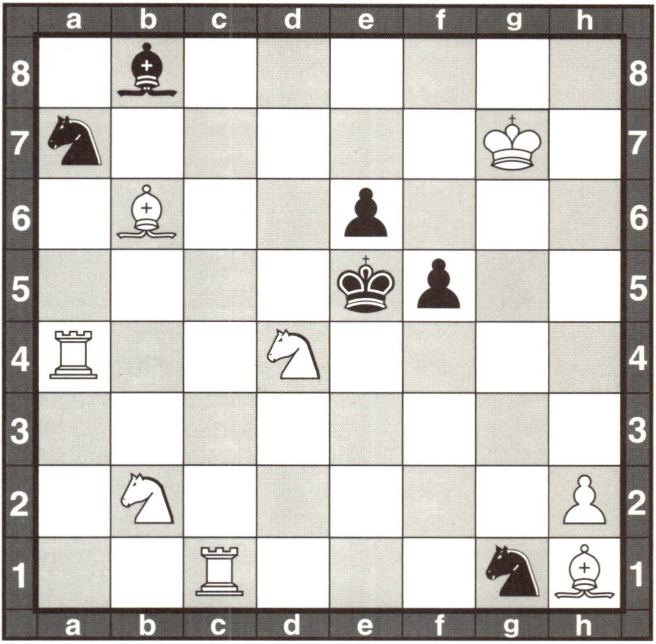

Lösung von Seite 85:

1. Dg2
1. ... Kd5
2. Te3++
1. ... Kf7
2. Sd8++
1. ... Sc7/d2
2. Dg8++
1. ... Sxd6
2. Sd8++
1. ... Sxf6
2. Txf6++
1. ... Sg7
2. Da2++

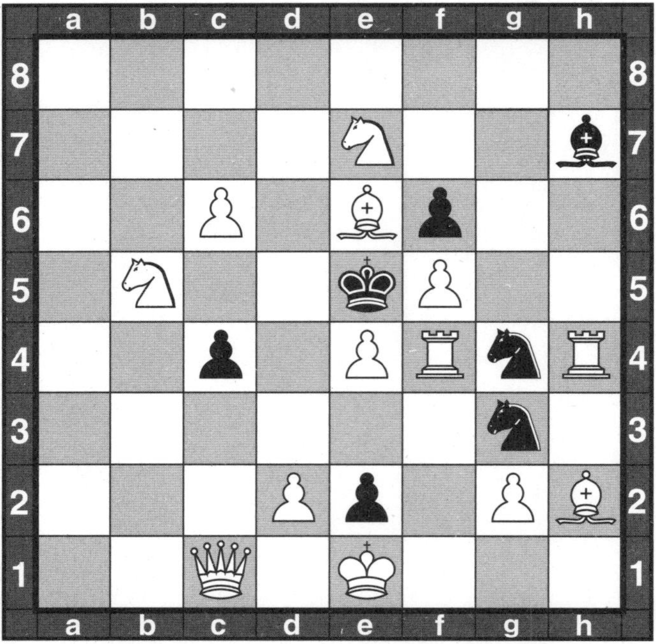

Lösung von Seite 86:

1. Td1
1. ... Kxc5
2. d4++
1. ... L ~
2. De5++
1. ... T ~
2. D(x)f2++
1. ... Se ~
2. T(x)d5++
1. ... Sg ~
2. S(x)e6++

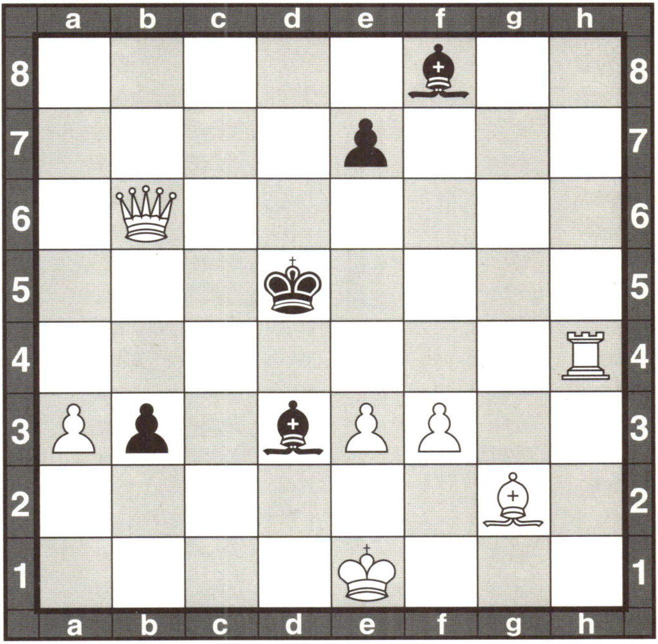

Lösung von Seite 87:

1. Td1
1. ... Kd6
2. Sc6++
1. ... Kf4
2. Sf3++
1. ... Lc7
2. Lxc7++
1. ... Ld6
2. Sd3++
1. ... f4
2. Sc4++
1. ... S7 ~
2. S(x)c6++
1. ... S1 ~
2. S(x)f3++

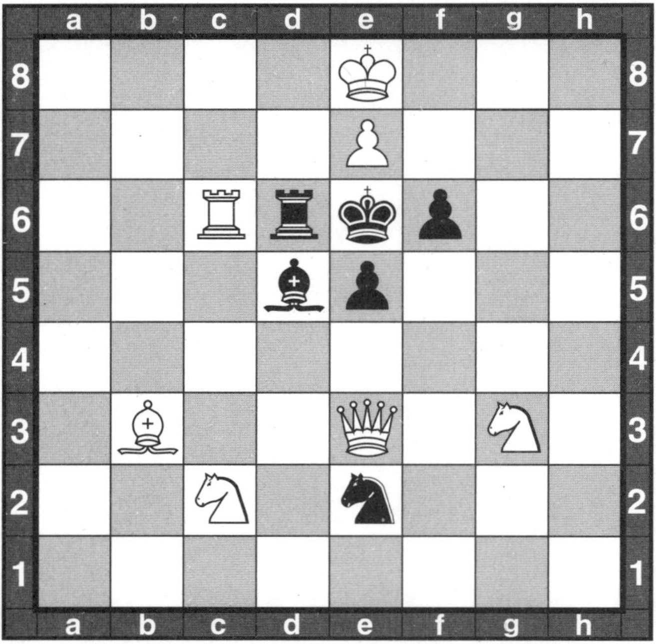

Lösung von
Seite 88:

1. Ld5
1. ... Kxf4
2. d4++
1. ... Lxf5
2. Txf5++
1. ... L ~
2. S(x)g6++
1. ... Sxf5
2. Txf5++
1. ... Sxe4
2.Txe4++
1. ... c3
2. d4++
1. ... ~
2. Dc3++

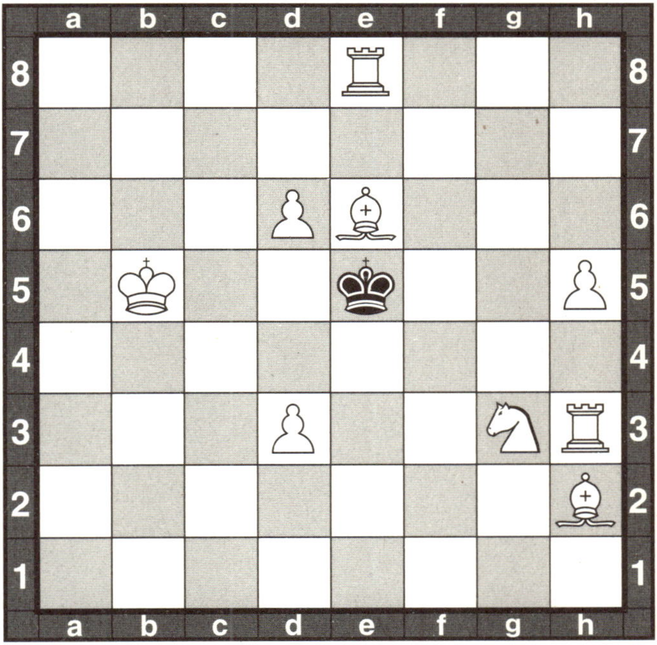

Lösung von
Seite 89:

1. Tc4 1. ... ~
2. Tc5++

1. ... Kxc4
2. Dc6++

1. ... Lxc4
2. f4++

1. ... e6
2. Dd4++

1. ... e5
2. Dc6++

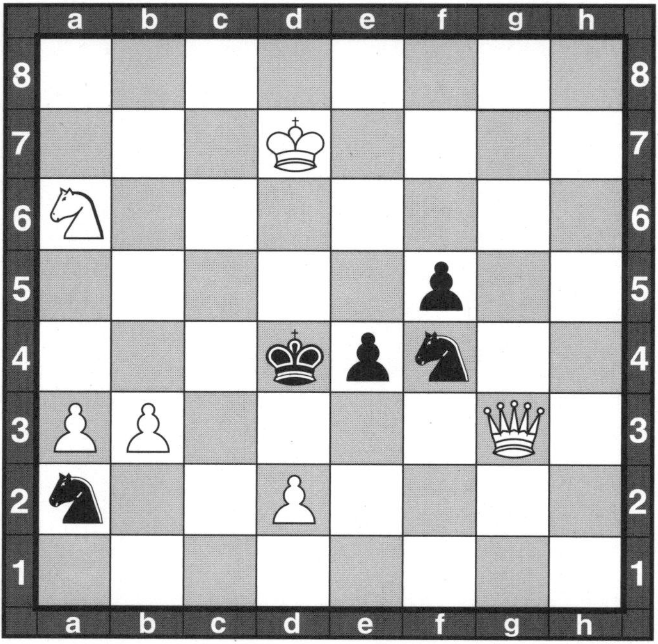

Lösung von Seite 90:

1. Tb6
1. ... Txb6
   2. Dxb6++
1. ... Tc6
   2. Txc6++
1. ... Lxb3
   2. Dxb3++
1. ... Lc4
   2. Lxc4++
1. ... S ~
   2. S(x)d4++
1. ... e4
   2. Dxe4++
1. ... f5
   2. Dh6++

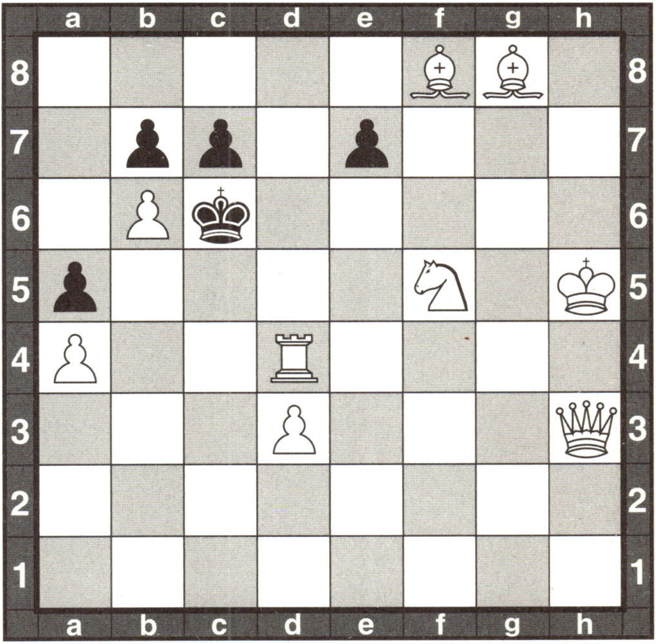

Lösung von Seite 91:

1. Te7
1. ... Kxd6
2. Sf5++
1. ... Kf6
2. Se4++
1. ... Kd4
2. Se2++
1. ... Kf4
2. Se4++

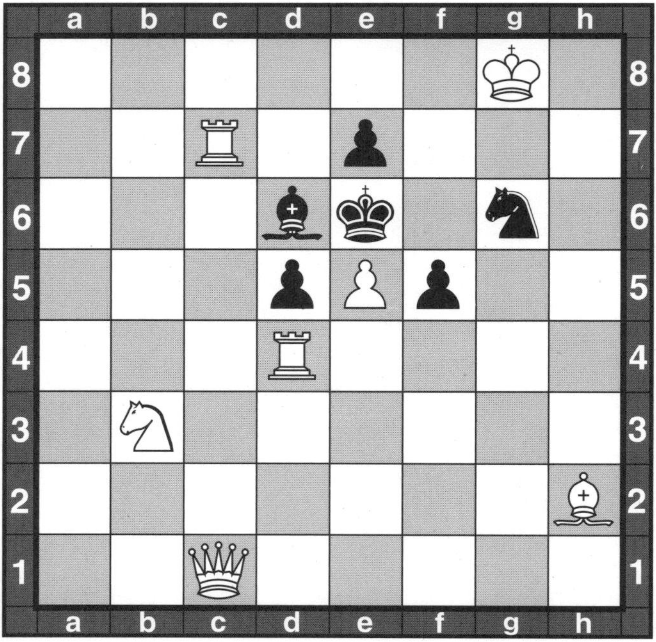

Lösung von Seite 92:

1. Sc7
1. ... Kc5
2. De3++
1. ... Ke5
2. Dg7++
1. ... Sd5
2. Se6++
1. ... S4 ~
2. Dd6++
1. ... S2 ~
2. D(x)c3++
1. ... e3
2. Dxe3++

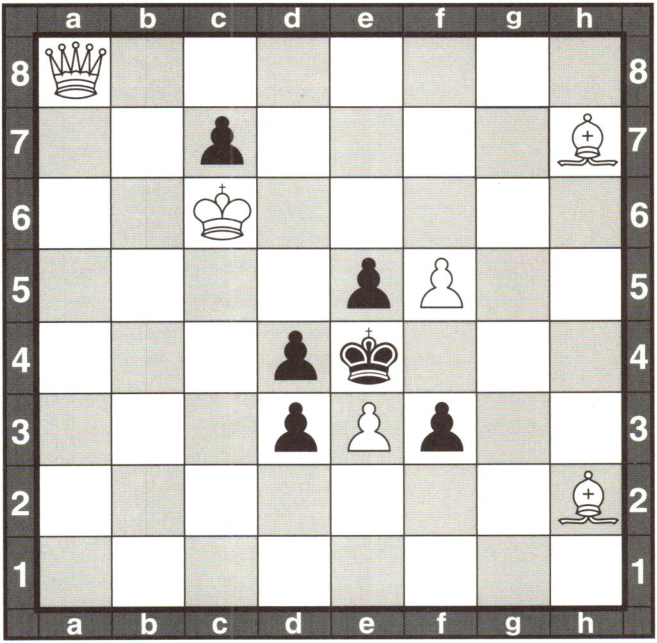

Lösung von Seite 93:

1. De3
1. ... Kxb6
2. Td6++
1. ... Kc5
2. Tc4++
1. ... e6
2. Dxe6++
1. ... e5
2. Dh6++
1. ... cxb6
2. Dc1++

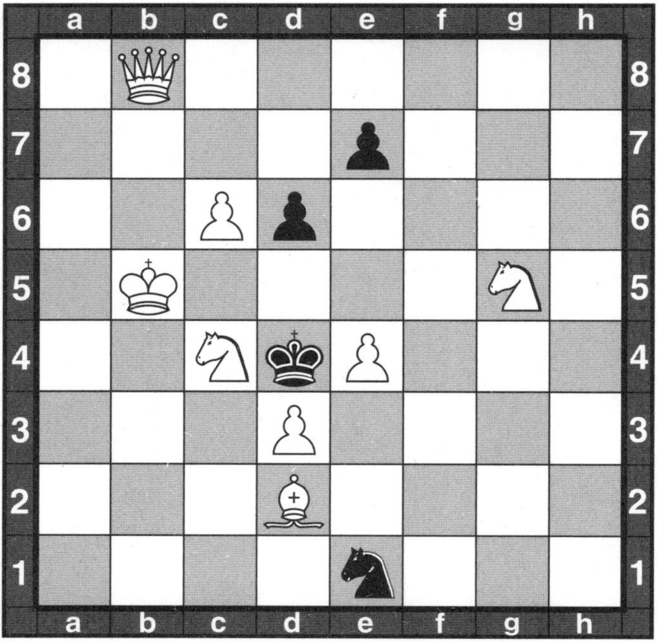

Lösung von
Seite 94:

1. Te4
1. ... Lxe5
   2. Dc6++
1. ... Lxc7/Lc5
   2. S(x)c5++
1. ... Sxe5
   2. Dh6++
1. ... d4/dxe4
   2. Dc4++

1. ... ~
   2. Sd4++

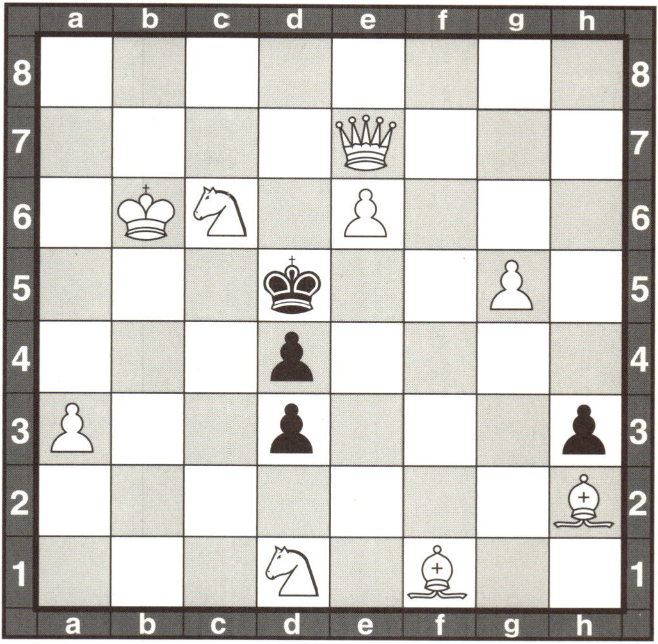

Lösung von Seite 95:

1. Lf4
1. ... exf4
   2. De8++
1. ... dxe3
   2. Da4++
1. ... f2
   2. Kxc7++
1. ... d2
   2. f6++

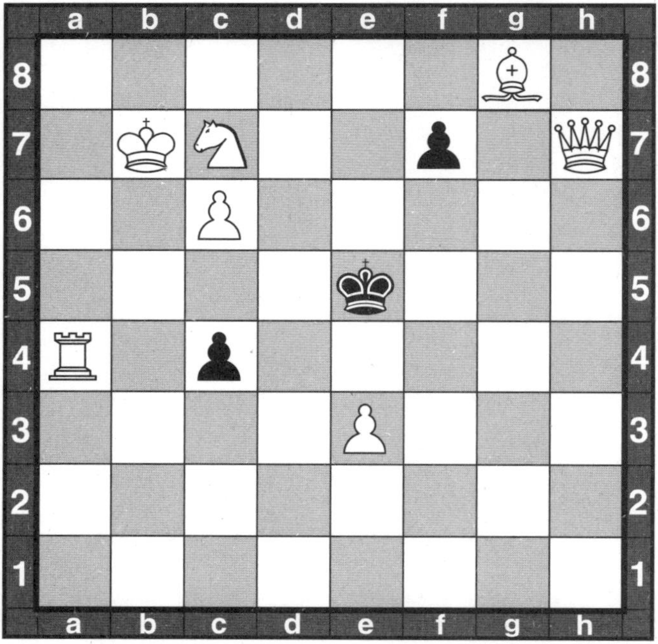

Lösung von Seite 96:

1. Se5
1. ... Kxe5
2. Dh8++
1. ... dxe5
2. Dd8++
1. ... Sxd3
2. Sef3++
1. ... S ~
2. Sg(x)f3++

1. ... e6
2. Dxd6++
1. ... d5
2. Se6++

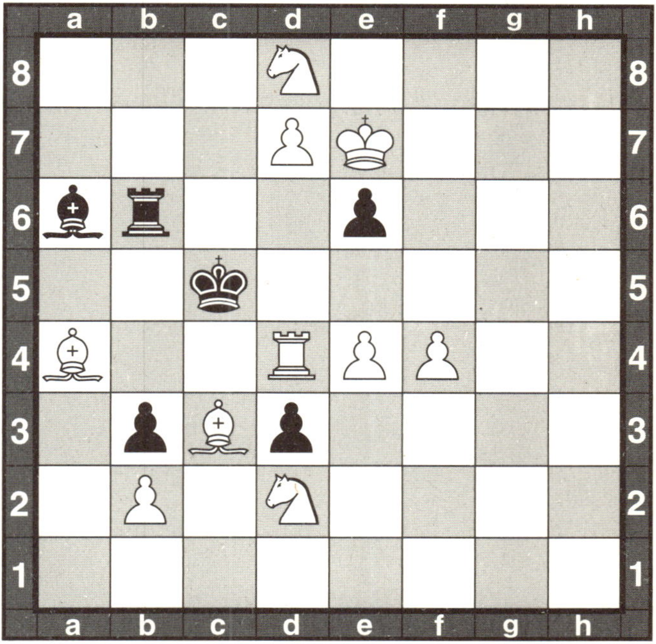

Lösung von Seite 97:

1. Db7
1. ... Kxe6
   2. Sxd4++
1. ... Kc4
   2. Sa5++
1. ... Ke4
   2. Se7++
1. ... d2
   2. Sd8++

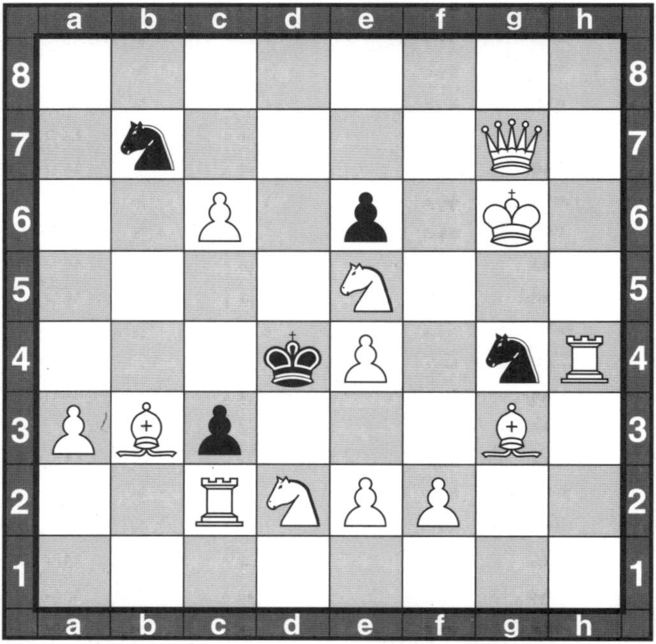

Lösung von Seite 98:

1. Se8
1. ... Kd5
2. Df5++
1. ... Ke6/c3
2. De4++
1. ... f6
2. Ta5++
1. ... f5
2. De7++

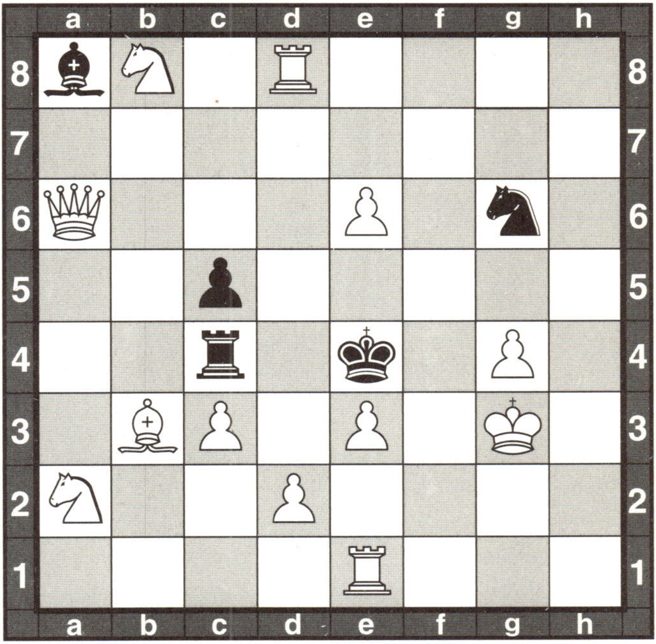

Lösung von Seite 99:

1. La5
1. ... Kxd4
   2. Lxb6++
1. ... Tc6/Td6
   2. Sxb3++
1. ... Lb5
   2. Sxb3++
1. ... L ~ /Tb5
   2. T(x)c4++
1. ... T ~
   2. Sxe6++
1. ... e5
   2. Td5++

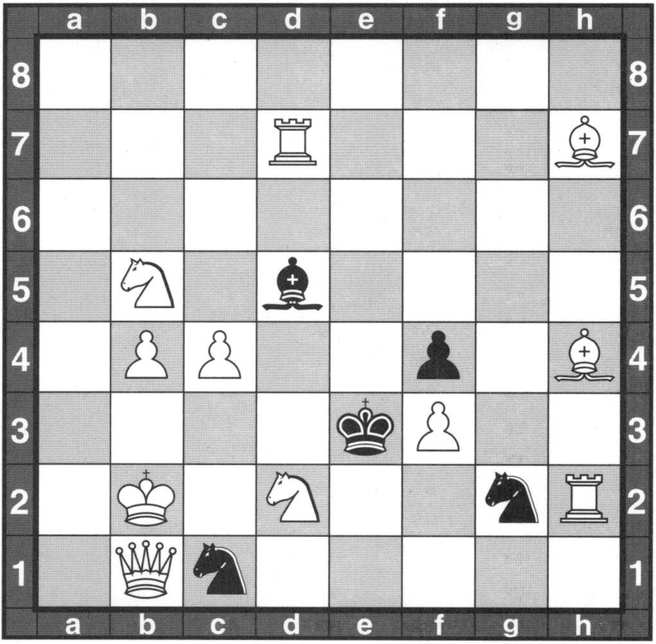

Lösung von Seite 100:

1. La4
1. ... Kc5
   2. Sd7++
1. ... Sxf2
   2. Lxf2++
1. ... Sxe5+
   2. Dxe5++
1. ... S4 ~
   2. Sb3++
1. ... Sc5
   2. Sef3++
1. ... S7 ~
   2. Da7++
1. ... cxd2
   2. Tc4++

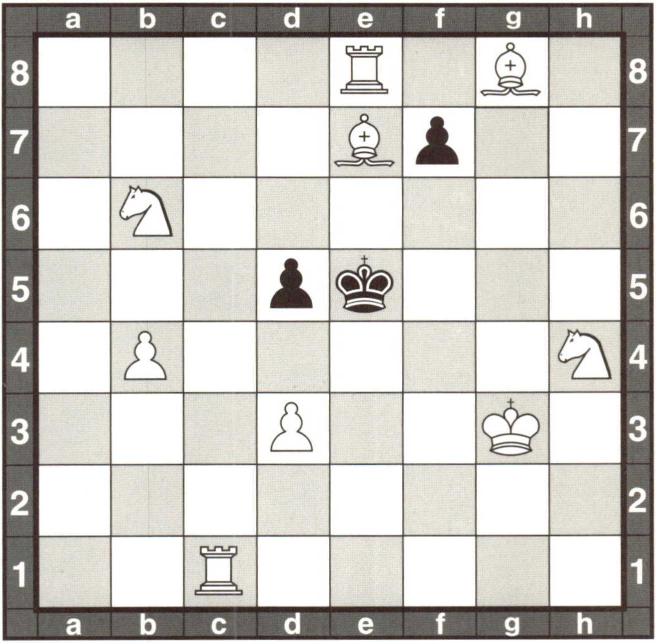

Lösung von Seite 101:

1. Sd7
1. ... Kd5
   2. e4++
1. ... Kd3
   2. Sxc5++
1. ... Td4
   2. exd4++
1. ... Txc3
   2. Sxc3++
1. ... T ~
   2. d3++
1. ... Ld5
   2. Lc2++
1. ... Se5
   2. Sf6++
1. ... ~
   2. Dxc4++

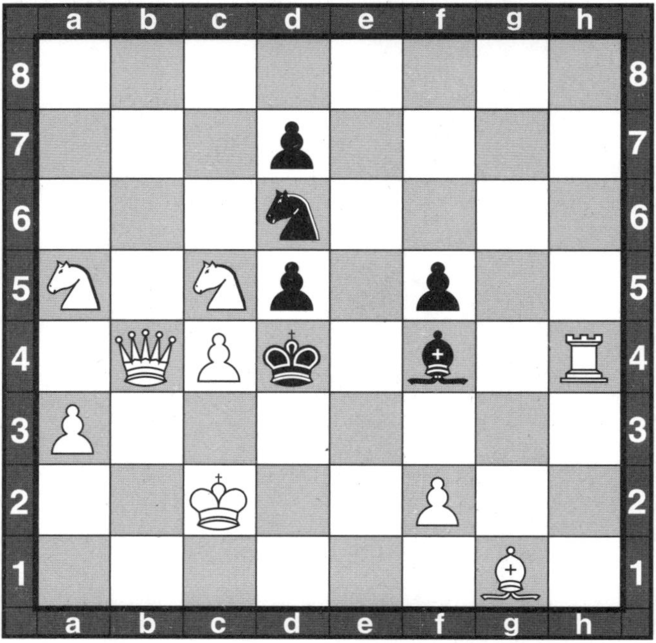

Lösung von
Seite 102:

1. Sd4
1. ... Kxd4
2. De4++
1. ... Kxd2
2. Dxc1++
1. ... Sxh4
2. Sc2++
1. ... Se1
2. Sf5++
1. ... Lxc4
2. Sxc4++
1. ... L ~
2. Sf1++
1. ... S1 ~
2. D(x)d3++

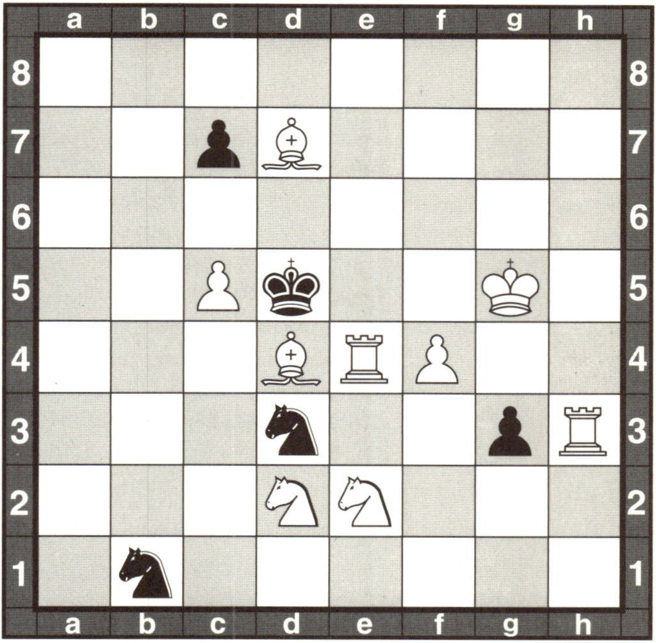

Lösung von Seite 103:

1. Td1
1. ... Kd4
2. Lf6++
1. ... Ke6/d4
2. Te1++
1. ... f6
2. Lc5++
1. ... f5
2. Sf3++

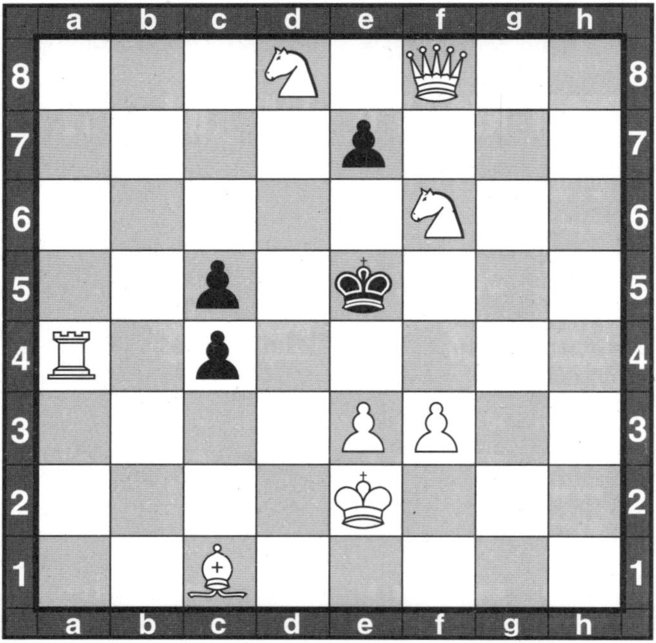

Lösung von Seite 104:

1. Db8
1. ... Kxc5
2. Da7++
1. ... Ke5
2. Dh8++
1. ... Sxc4
2. Sab3++
1. ... Se4
2. Scb3++
1. ... S ~
2. f3++
1. ... dxc4
2. Dxd6++

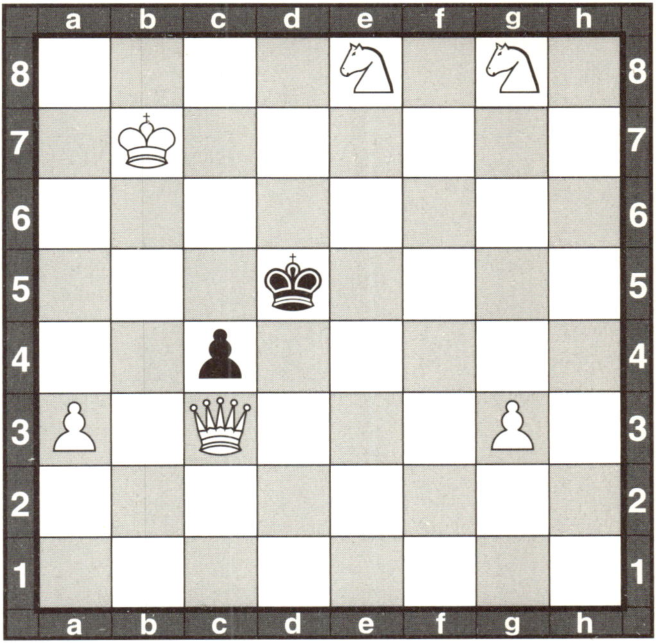

Lösung von
Seite 105:

1. Lg1
1. ... Sf2
2. Te5++
1. ... Sxc5
2. Td4++
1. ... S ~
2. Sc3++
1. ... g2
2. Txd3++
1. ... c6
2. Le6++

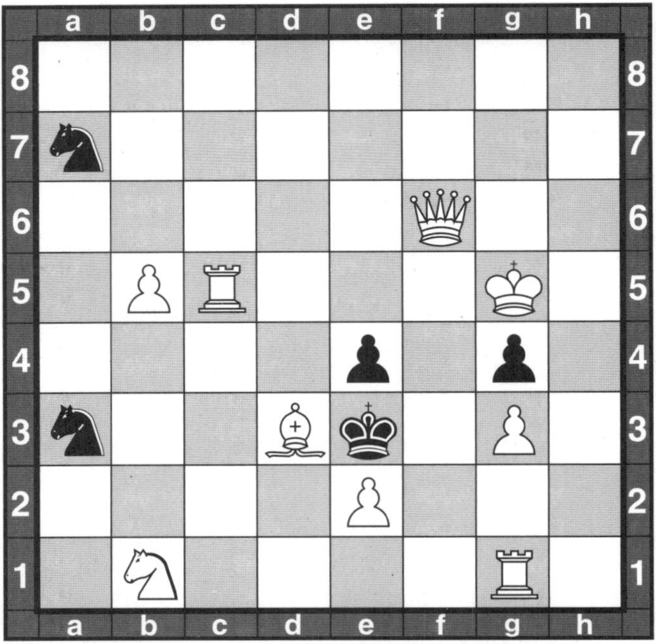

Lösung von Seite 106:

1. e4
1. ... Kd4
   2. Lb2++
1. ... Kd6
   2. Lf4++
1. ... exf6
   2. Dxc5++
1. ... e6
   2. Sc6++
1. ... c3
   2. Dxe7++

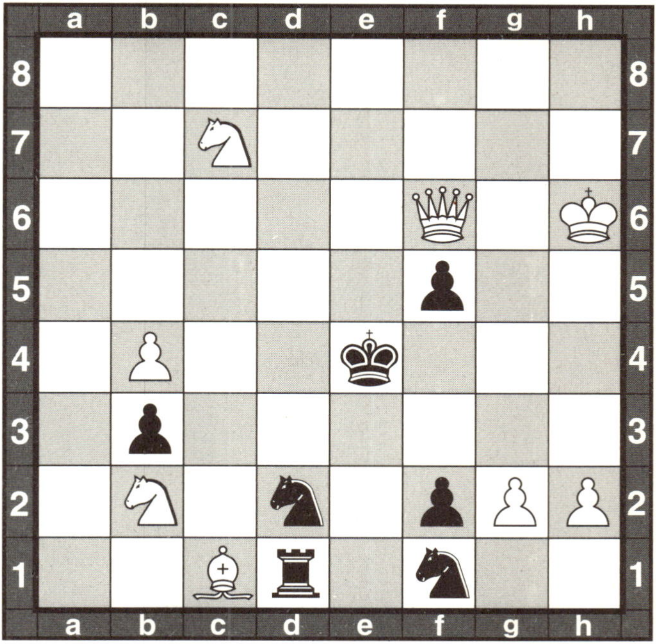

Lösung von Seite 107:

1. Sg7
1. ... Kd6
   2. Dd4++
1. ... Ke4
   2. Sf6++
1. ... Kc5
   2. De5++

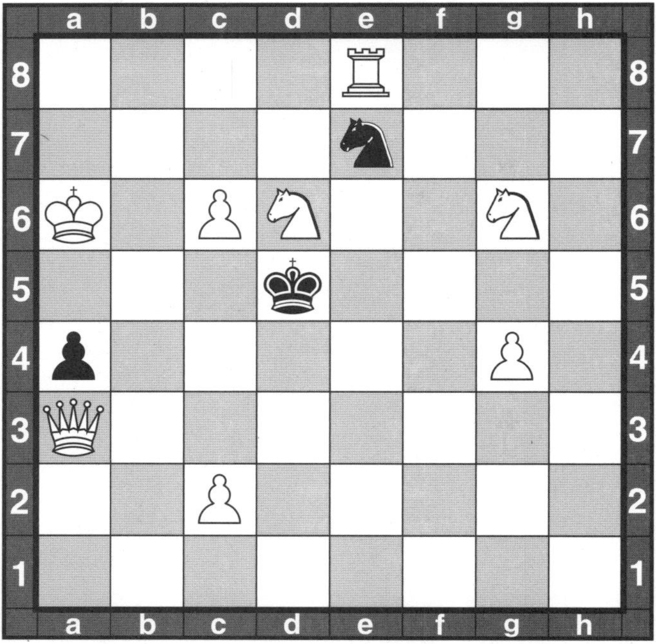

Lösung von
Seite 108:

1. Db6
1. ... Kd4
2. Tf5++
1. ... Kf2
2. Tf5++
1. ... exd3
2. Te5++
1. ... Sxb1/Sc2
2. T(x)c2++
1. ... Sc8
2. Txc8++
1. ... Sc6
2. Txc6++
1. ... Sc4
2. Txc4++
1. ... Sxb5
2. Txb5++

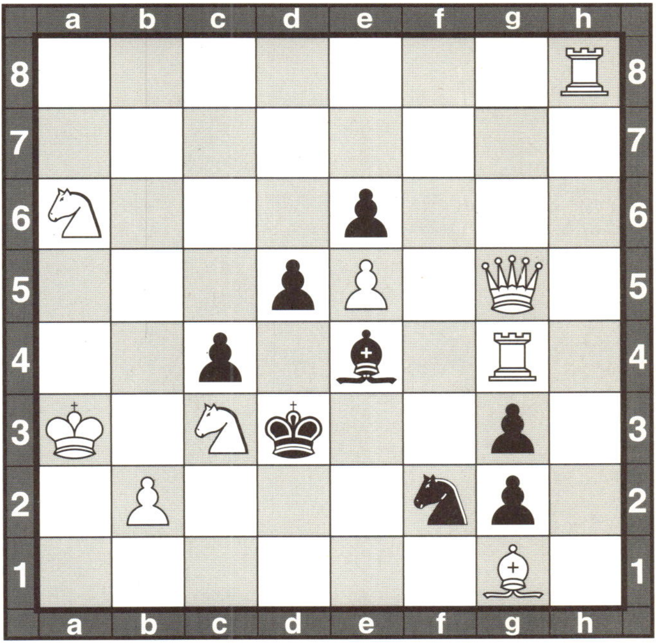

Lösung von Seite 109:

1. Sb5
1. ... Kd5
2. Sc3++
1. ... Kf4
2. Dd4++
1. ... Ke3
2. De5++
1. ... f4/Sb1
2. De6++
1. ... S2 ~
2. Sc3++
1. ... ~
2. Dd4++

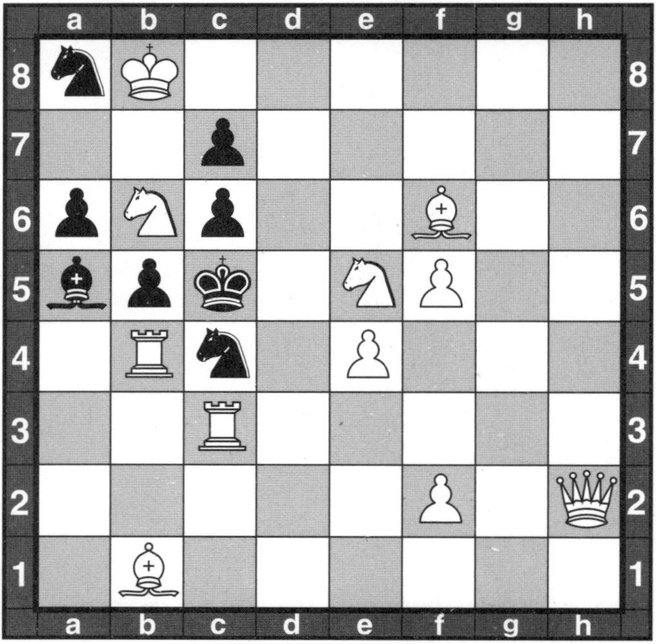

Lösung von Seite 110:

1. Se4
1. ... Ke6
   2. Da2++
1. ... Kd4/Kxe4
   2. Dd3++
1. ... Kxc6
   2. Dd6++
1. ... Kc4/S ~
   2. Dc5++

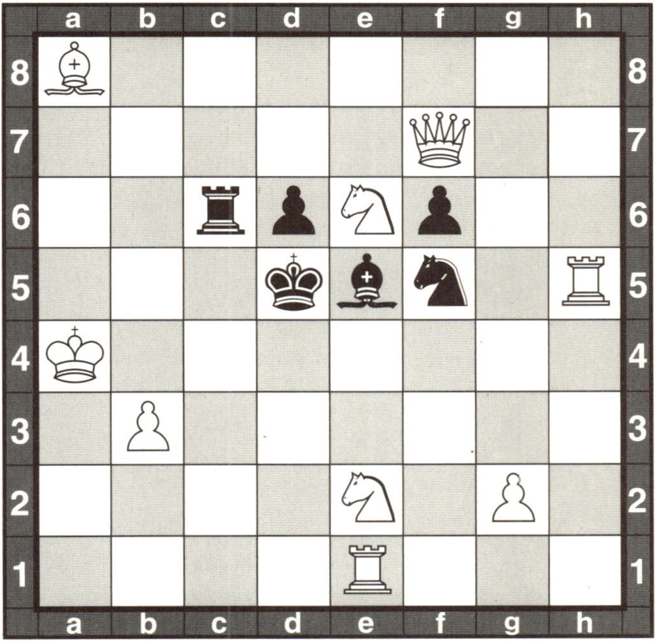

Lösung von Seite 111:

1. Th5
1. ... Kd4
2. Dd2++
1. ... ~
2. Sb4++

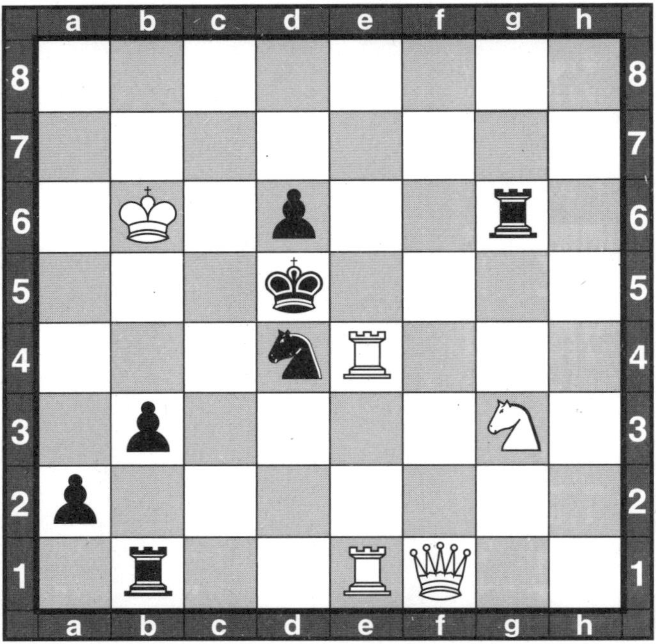

Lösung von Seite 112:

1. Lg7
1. ... Sxb6
2. Sd3++
1. ... Lxb6
2. Sd3++
1. ... Kd6
2. Lf8++
1. ... Kxb4
2. Sd3++
1. ... ~
2. Sd7++

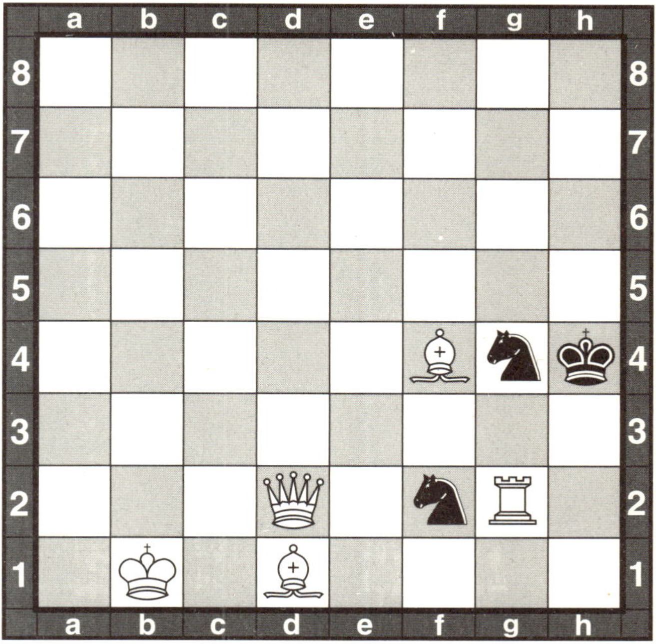

Lösung von Seite 113:

1. Dh7
1. ... Ke4/xe6
2. S2f4++
1. ... ~
2. S2(x)f4/Sc3++

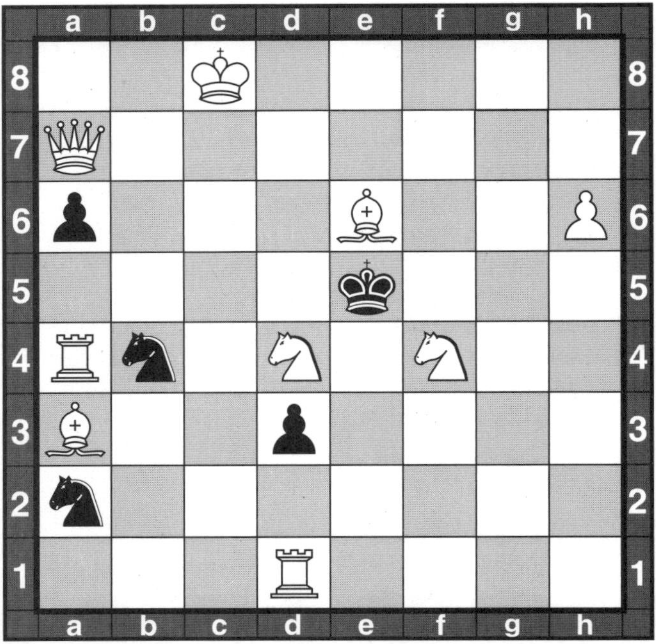

Lösung von
Seite 114:

1. Se2
1. ... Kxe4
2. Sc3++
1. ... Kc4
2. Txd4++
1. ... b2
2. Sc3++
1. ... a1
2. Sf4++
1. ... Sxe2
2. Df5++
1. ... S ~
2. Sf4++
1. ... T1~
2. Sf4++
1. ... Tg3
2. Sf4++
1. ... T6 ~
2. Sc3++

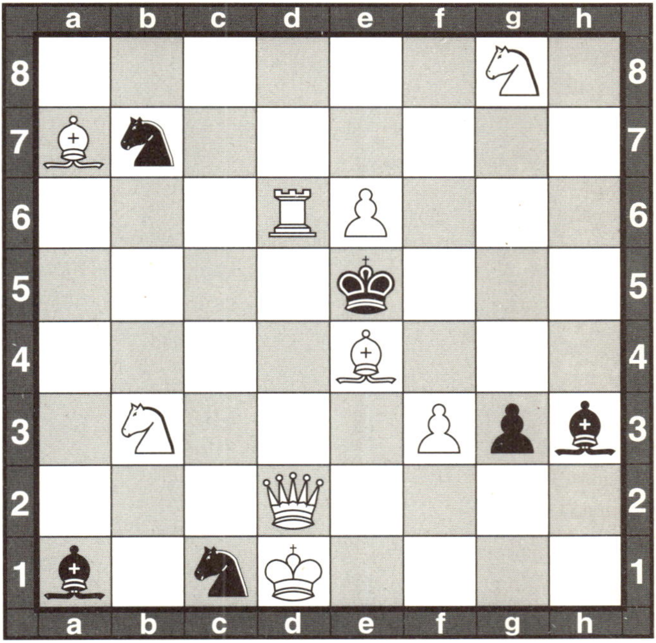

Lösung von
Seite 115:

1. Dd7
1. ... Kh3
2. Th2++
1. ... Kh5
2. Dh7++
1. ... S4 ~
2. Lg5++
1. ... S2 ~
2. Dxg4++

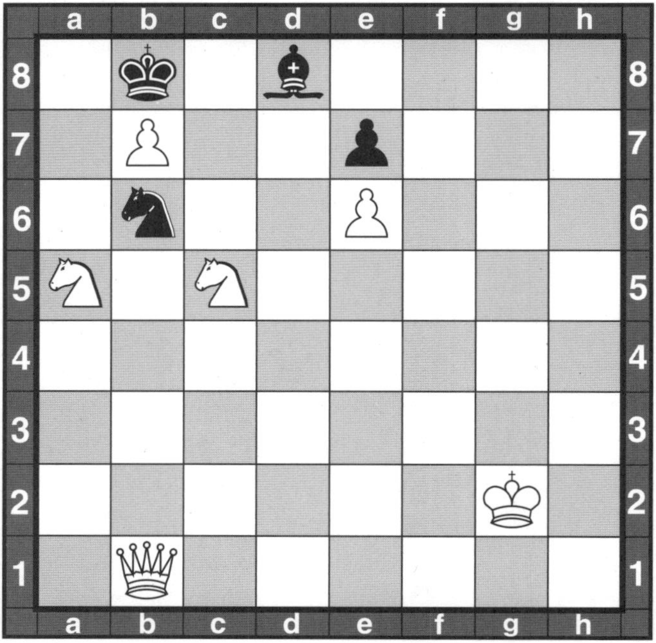

Lösung von Seite 116:

1. Sc2
1. ... Ke4/xf4
2. De3++
1. ... Kf6
2. Dg7++
1. ... Kd6
2. Dc7++
1. ... Sxc2
2. Dg7++
1. ... ~
2. Dd4++

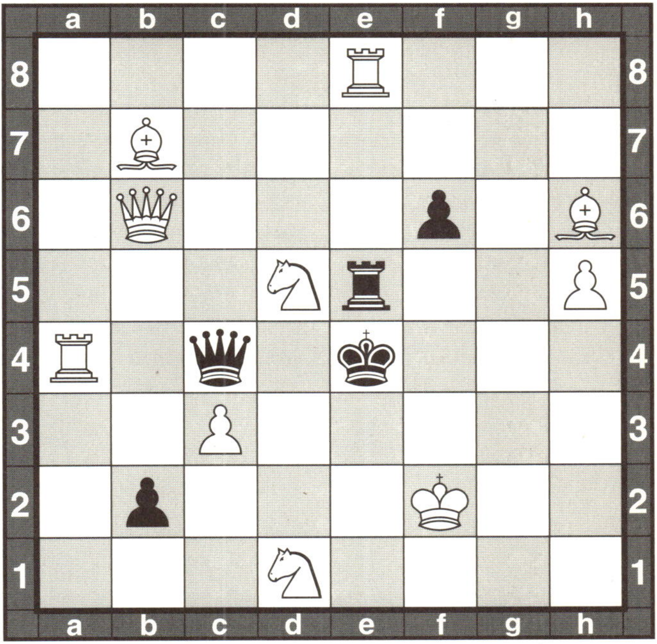

Lösung von Seite 117:

1. Dh6
1. ... Kxd6
   2. Lb8++
1. ... Sxd6
   2. Df6++
1. ... Lxe6
   2. Txe6++
1. ... ~
   2. Td5++

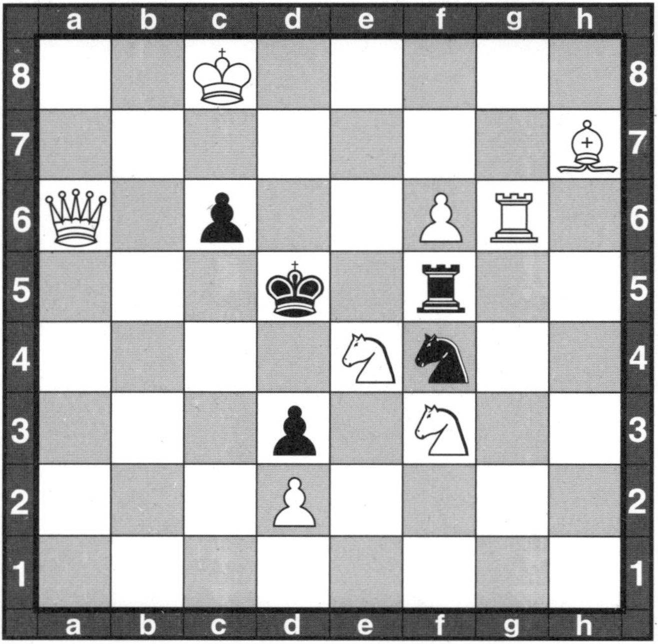

Lösung von
Seite 118:

1. Dg1
1. ... Kc7
2. Dh2++
1. ... Ka7/Lc7
2. Sc6++
1. ... S ~
2. Sa6++

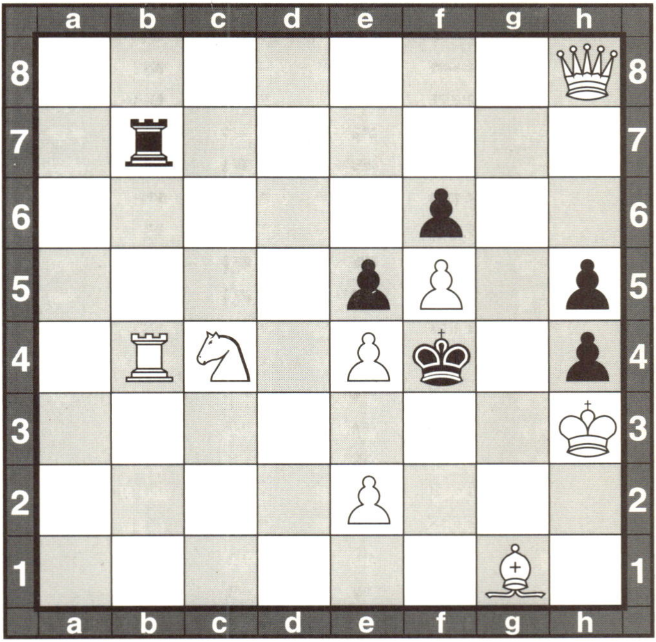

Lösung von
Seite 119:

1. Db5
1. ... Kf5
2. Se3++
1. ... Kd3
2. Sb4++
1. ... Dd4+/Db4
2. S5e3++
1. ... f5
2. Sf4++
1. ... b1D
2. Dxb1++

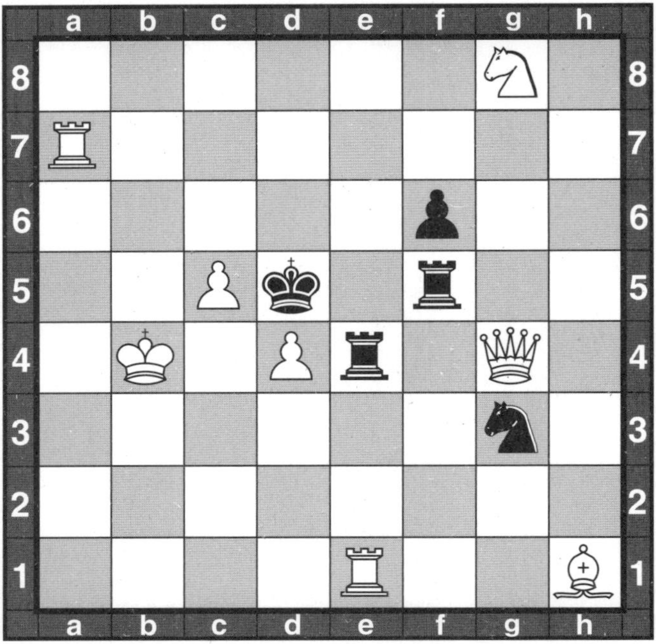

Lösung von Seite 120:

1. Tg4
1. ... Kxe4
2. Dxc6++
1. ... Ke6
2. Lg8++
1. ... c5
2. Sc3++
1. ... Se6
2. Da2++

1. ... S ~
2. Lg8++
1. ... T ~
2. Da2++

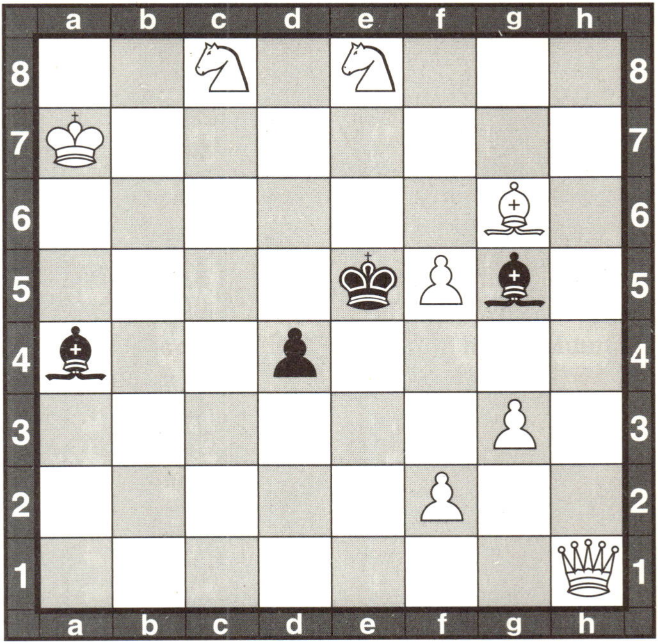

Lösung von Seite 121:

1. Da8
1. ... Kxe4
2. Se3++
1. ... Kg5/T~
2. Le3++

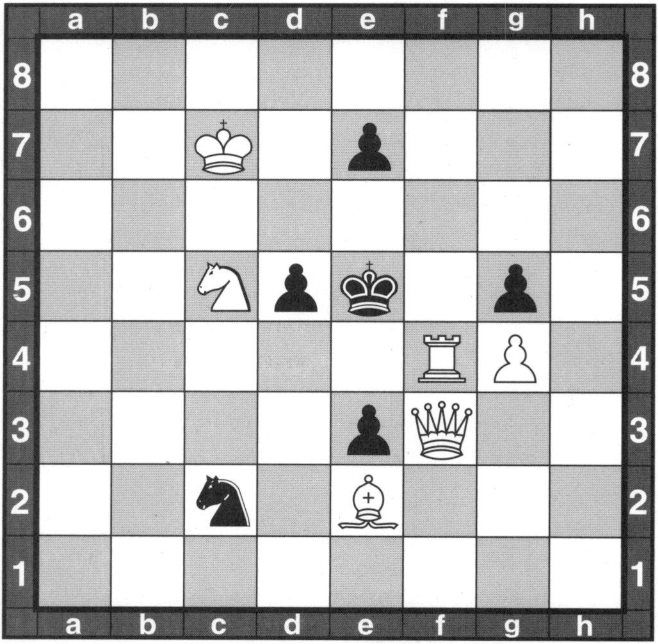

Lösung von Seite 122:

1. Txe4
1. ... Kc6
   2. Se7++
1. ... Sxe4
   2. Dxe4++
1. ... ~
   2. Se7++

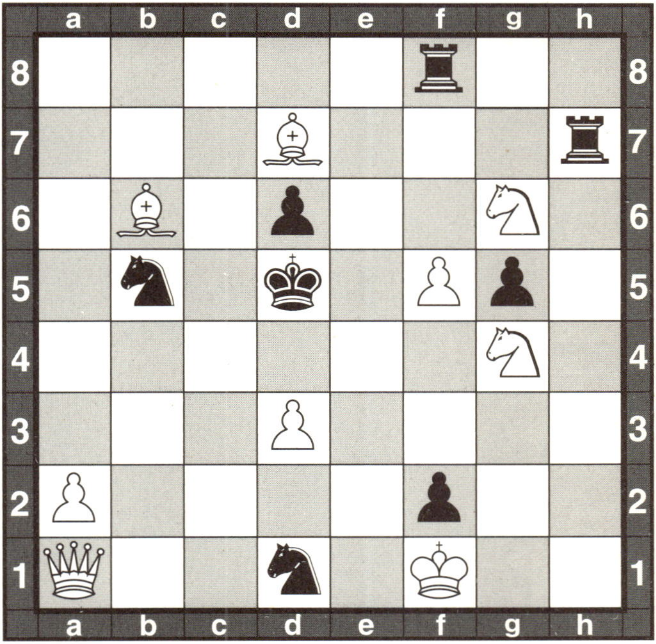

Lösung von Seite 123:

1. Sf6
1. ... Kxf6
2. Dh8++
1. ... d3
2. Da1++
1. ... Ld1
2. Sd7++
1. ... Lxf6
2. f4++

1. ... ~
2. Sg4++

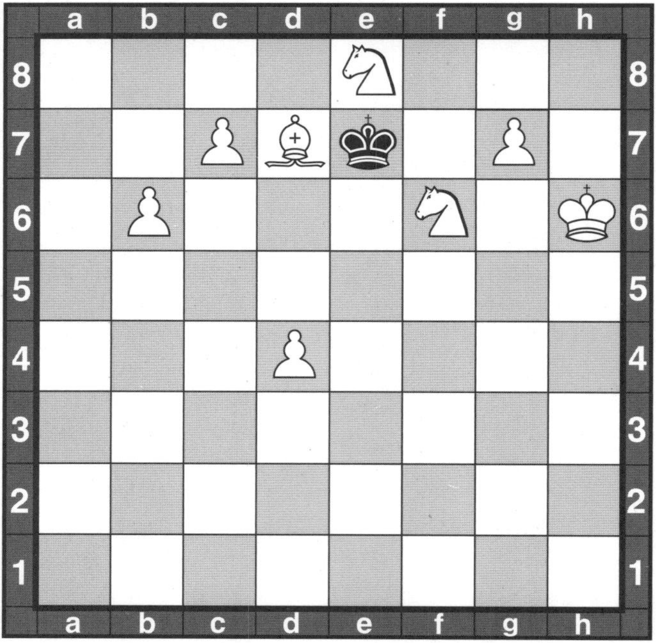

Lösung von
Seite 124:

1. Dh3
1. ... Kxf4
2. Dh2++
1. ... d4
2. Tf5++
1. ... e6
2. Sd3++
1. ... gxf4
2. Dh8++
1. ... ~
2. Dxe3++

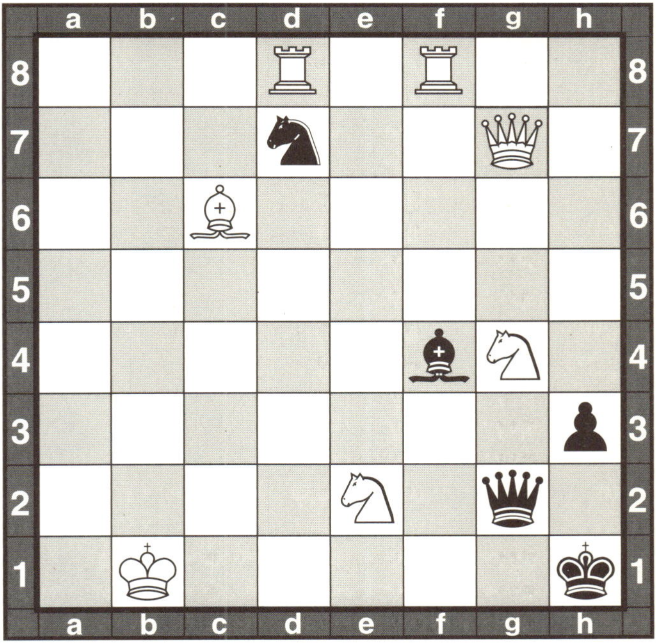

Lösung von Seite 125:

1. Dh8
1. ... Tf7/Txf5
2. Da8++
1. ... T8 ~
2. S(x)f6++
1. ... Tf7/Tg7
2. Dh1++
1. ... T7 ~
2. S(x)e7++
1. ... S1 ~
2. S(x)e3++
1. ... S5 ~
2. D(x)d4++

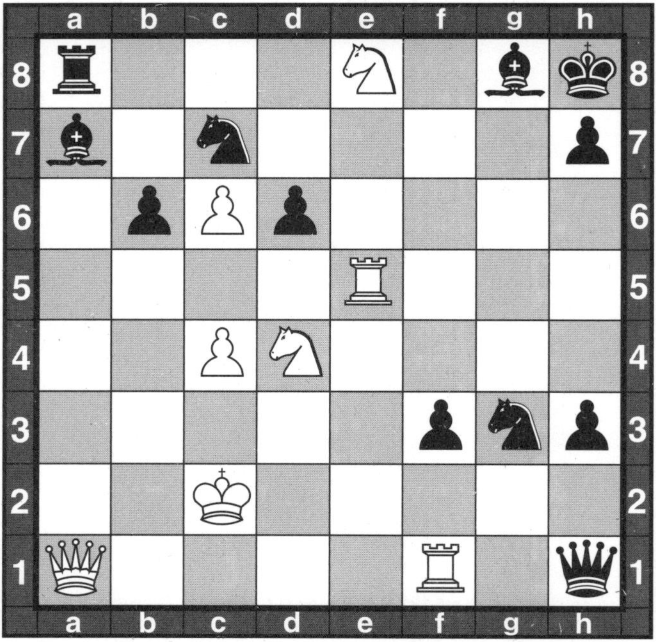

Lösung von Seite 126:

1. Sd6
1. ... Kxd6
2. c8S++
1. ... Kxf6
2. g8S++

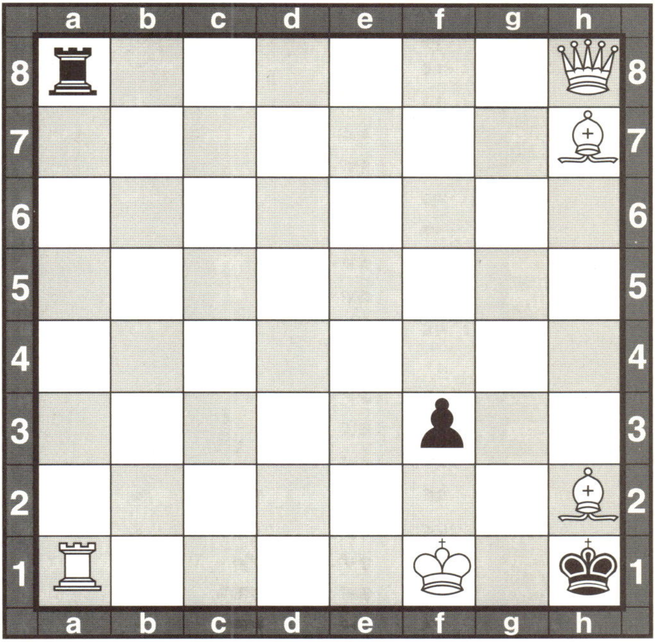

Lösung von
Seite 127:

1. Dh6	1. … S ~
1. … Dxc6	2. Td1++
2. Dxc6++	
1. … h2	
2. Sf2++	
1. … Lh2	
2. Sf2++	
1. … L ~	
2. Tf1++	

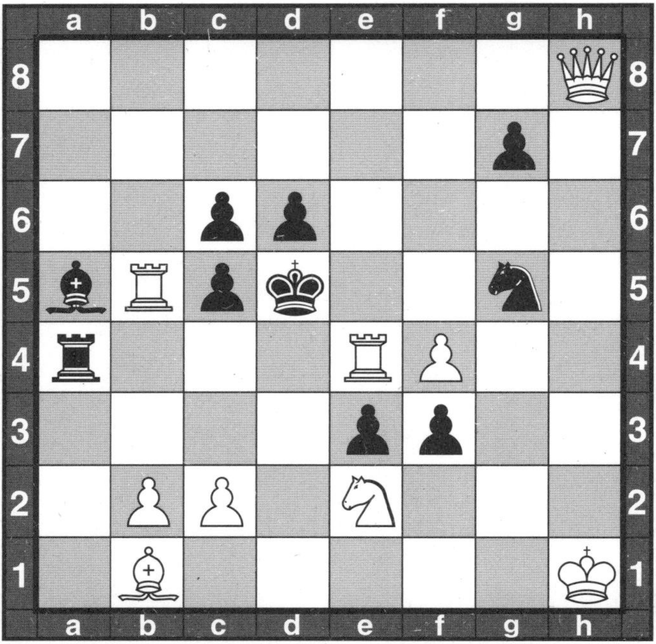

Lösung von Seite 128:

1. Sb3
1. ... dxe5
2. Dxe5++
1. ... Dg2/Dh2+
2. Te2++
1. ... Lb8
2. Ta5++
1. ... Txe8
2. Txe8++
1. ... b5
2. Tc5++
1. ... d5
2. Txd5++
1. ... h6/h5
2. Te7++
1. ... f2
2. Te2++
1. ... L8 ~
2. Tg5++
1. ... Sf5
2. Txf5++
1. ... Sh5
2. Txh5++
1. ... Se4
2. Txe4++
1. ... Se2
2. Txe2++
1. ... Sd5
2. Txd5++
1. ... Sb5
2. Txb5++
1. ... Se6
2. Txe6++
1. ... Sxe8
2. Txe8++
1. ... ~
2. T5e1++

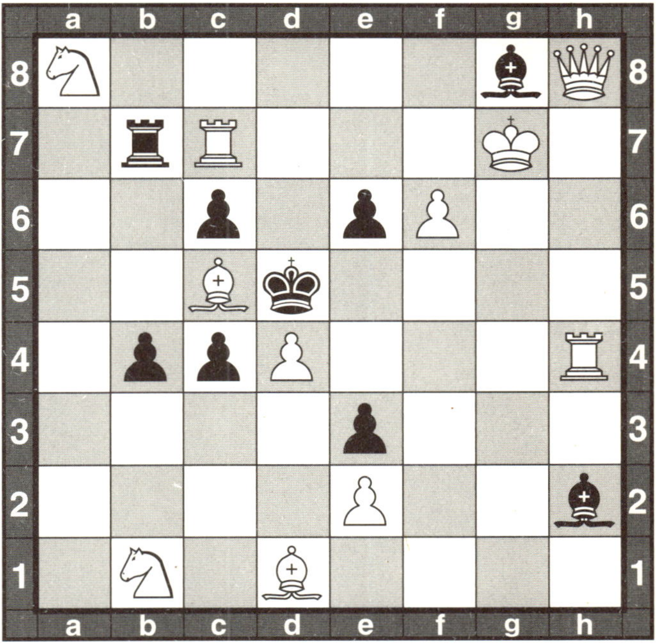

Lösung von Seite 129:

1. Lc7
1. ... Txh8
2. Kf2++
1. ... Ta6
2. Lg6++
1. ... Ta5
2. Lf5++
1. ... Ta4
2. Le4++
1. ... Ta2
2. Lc2++
1. ... Txa1+
2.Lb1++
1. ... T~
2. Lg8 ++
1. ... f2
2. Le4++

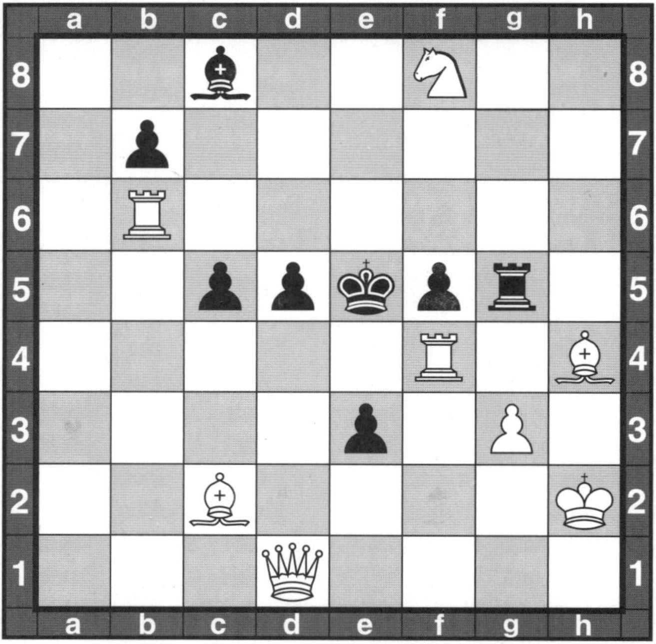

Lösung von Seite 130:

1. b4
1. ... Txb4
2. Sc3++
1. ... Sxe4
2. Dg8++
1. ... cxb5
2. Da8++
1. ... ~
2. c4++

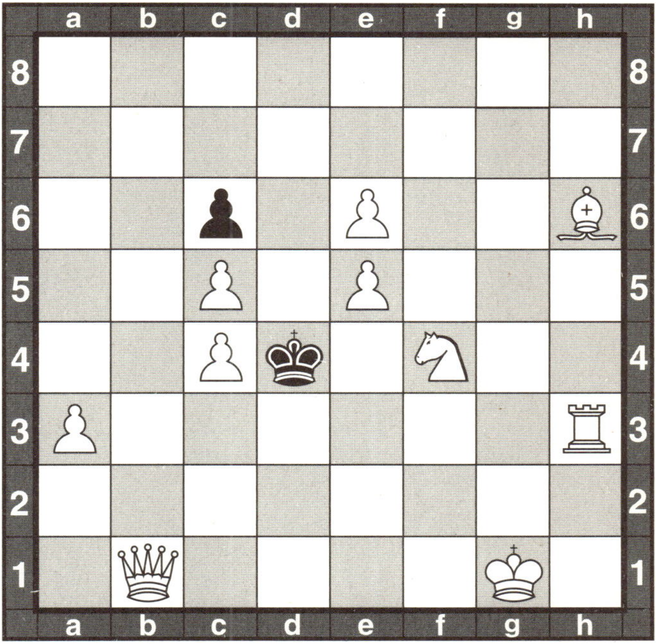

Lösung von Seite 131:

1. Tf4
1. ... b3
2. Sc3++
1. ... c3
2. Lb3++
1. ... e5
2. Dxg8++
1. ... Txc7/Ta7/Tb6
2. S(x)b6++
1. ... T ~
2. Td7++
1. ... L8 ~
2. Dd8++
1. ... L2 ~
2. Dh1++

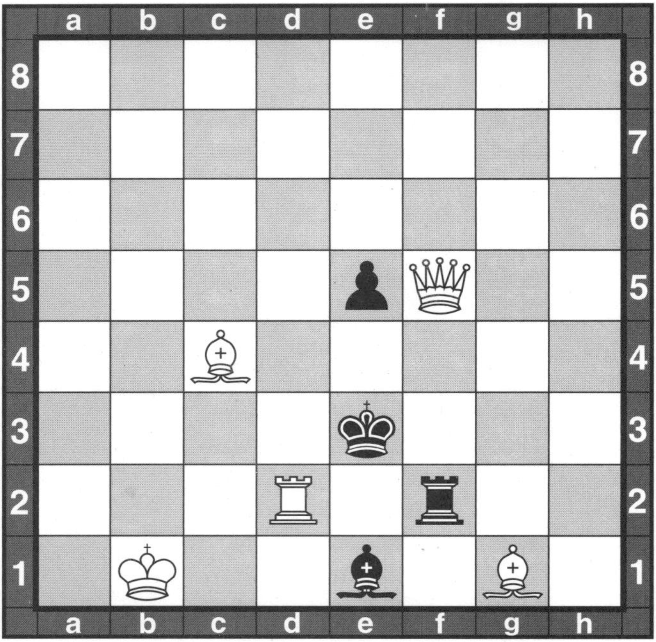

Lösung von
Seite 132:

1. Tc4
1. ... f4
   2. gxf4++
1. ... dxc4
   2. Dd6++
1. ... d4
   2. Txc5++
1. ... e2
   2. Dxe2++
1. ... f4
   2. gxf4++
1. ... Tg6
   2. Sxg6++
1. ... T ~
   2. Lf6++
1. ... Ld7
   2. Sxd7++
1. ... Le6
   2. Txe6++

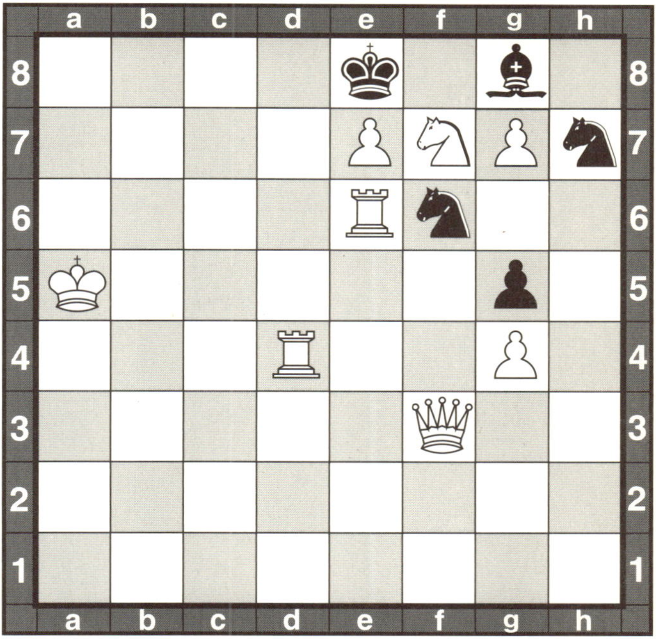

Lösung von
Seite 133:

1. Th4
1. ... Kc3
2. Se2++
1. ... Kxc5
2. Sd3++
1. ... Kxc4
2. Db4++
1. ... Ke3
2. Dd3++
1. ... Kxe5
2. Lg7++

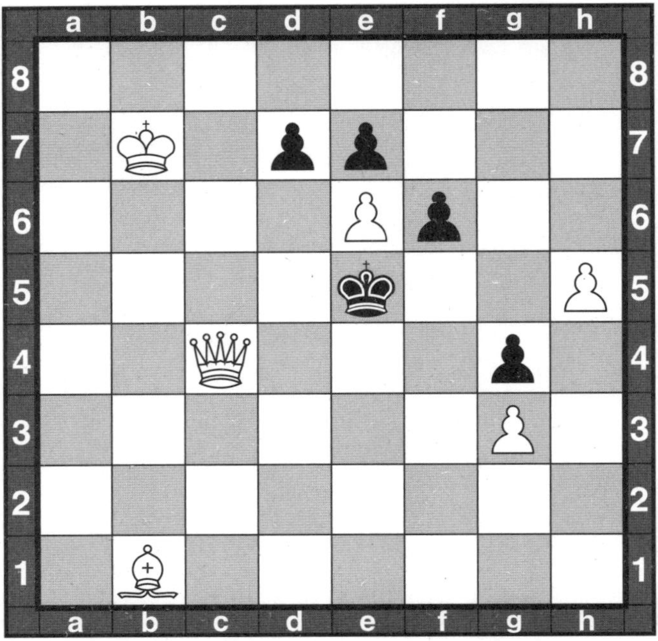

Lösung von Seite 134:

1. Le2
1. ... Kxd2
   2. Dd3++
1. ... Lxd2
   2. Dxe5++
1. ... e4
   2. Dg5++

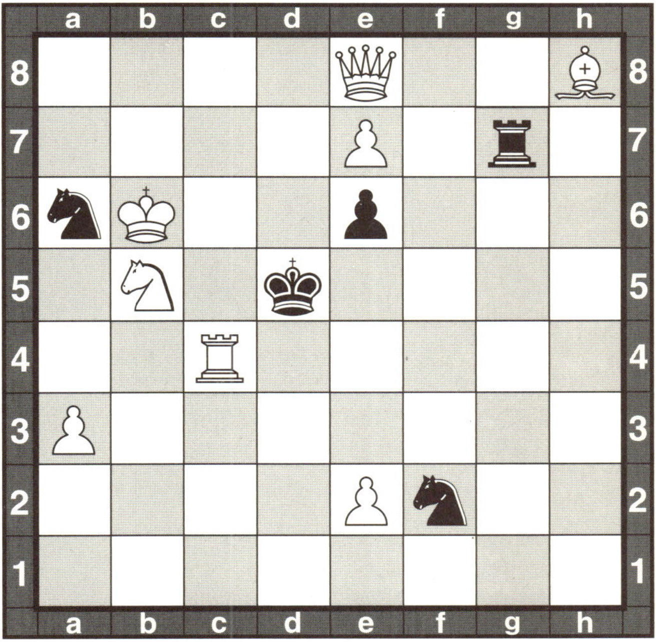

Lösung von Seite 135:

1. Td7
1. ... Kxd7
2. Dc6++
1. ... Kxf7
2. e8D++
1. ... Sxd7
2. Sd6++
1. ... Sf~
2. Td8++
1. ... Sf8
2. exf8S++
1. ... Lxf7
2. Td8++

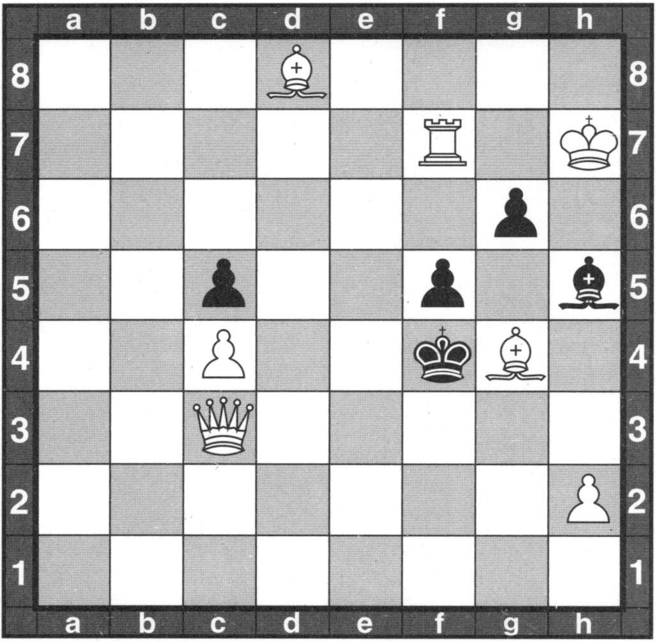

Lösung von
Seite 136:

1. Lf5
1. ... Kxf5
2. Dd5++
1. ... Kd6
2. Dd4++
1. ... d6
2. De4++
1. ... xe6
2. Dc5++
1. ... d5
2. Df4++

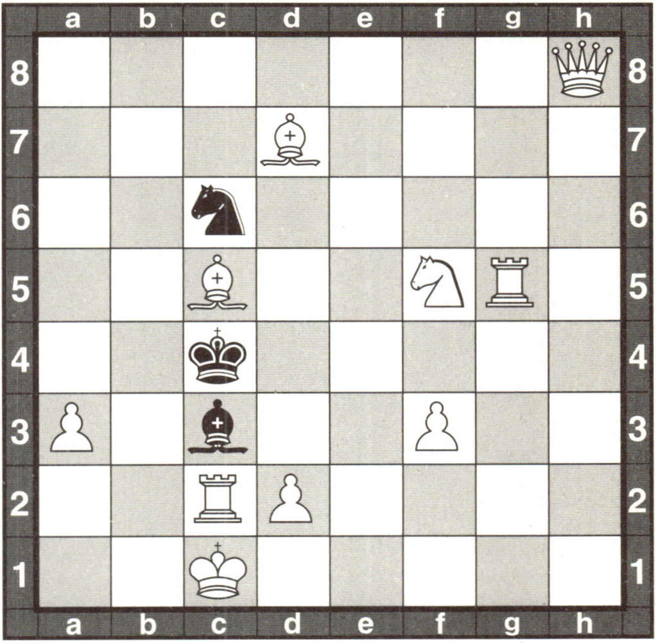

Lösung von Seite 137:

1. Dg6
1. ... Kxc4
 2. Dd3++
1. ... Ke5
 2. Dg5++
1. ... e5
 2. Dc6++
1. ... T ~
 2. Td4++
1. ... S2 ~
 2. D(x)e4++
1. ... S6 ~
 2. T(x)c5++

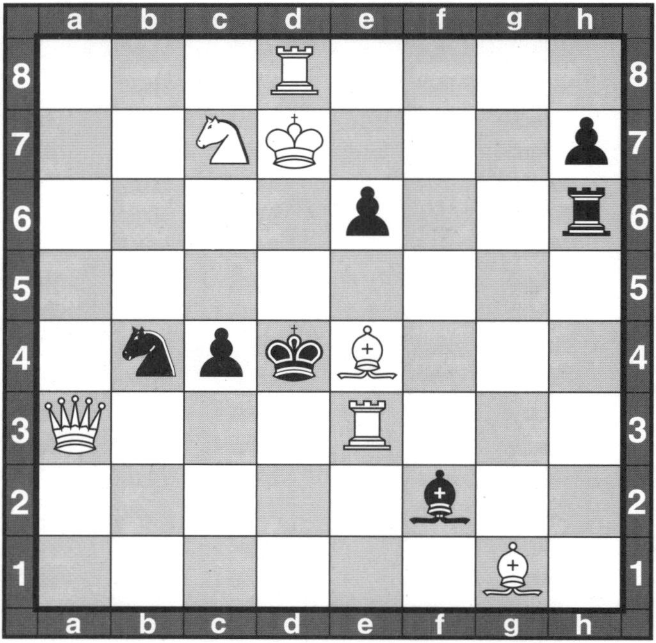

Lösung von
Seite 138:

1. Te7
1. ... Kxg4
2. Dg3++
1. ... Kg5
2. Te4++
1. ... g5
2. Df3++
1. ... xg4
2. Df6++
1. ... Lxg4
2. De3++

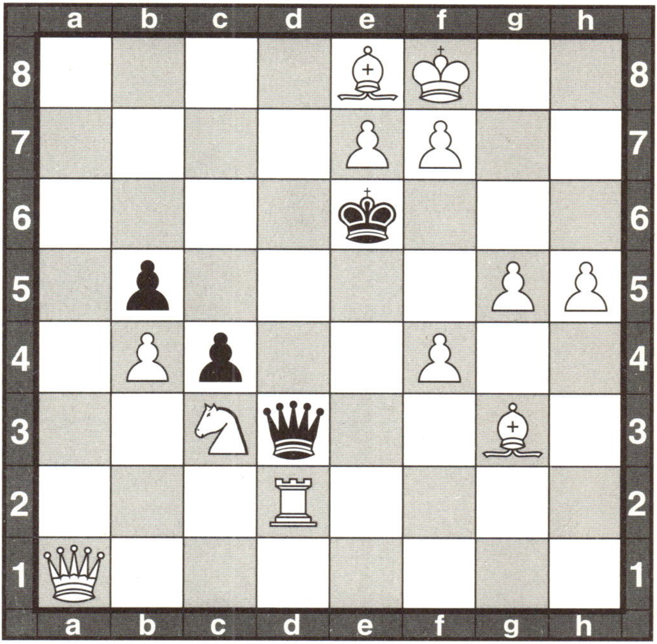

Lösung von Seite 139:

1. Da8
1. ... Kb3
2. Le6++
1. ... Kd3
2. Da6++
1. ... Kd5
2. Se3++
1. ... Kxc5
2. Dxc6++
1. ... Kb5
2. Sd6++
1. ... S ~
2. Txc3++

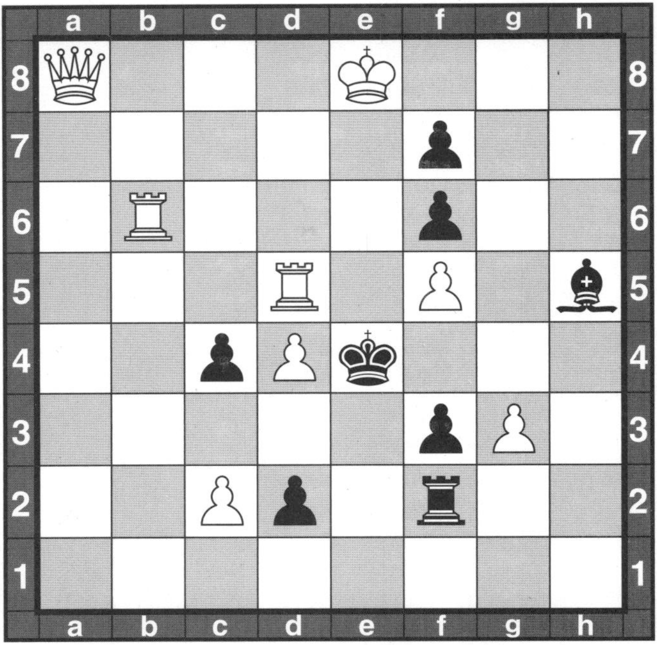

Lösung von
Seite 140:

1. Lc6
1. ... c3
2. Dxc3++
1. ... Sxc6
2. Kxc6++
1. ... Sd5
2. Sb5++
1. ... S ~
2. Te4++
1. ... Th5
2. Sxe6++
1. ... Lxe3
2. Dxe3++
1. ... ~
2. Da7++

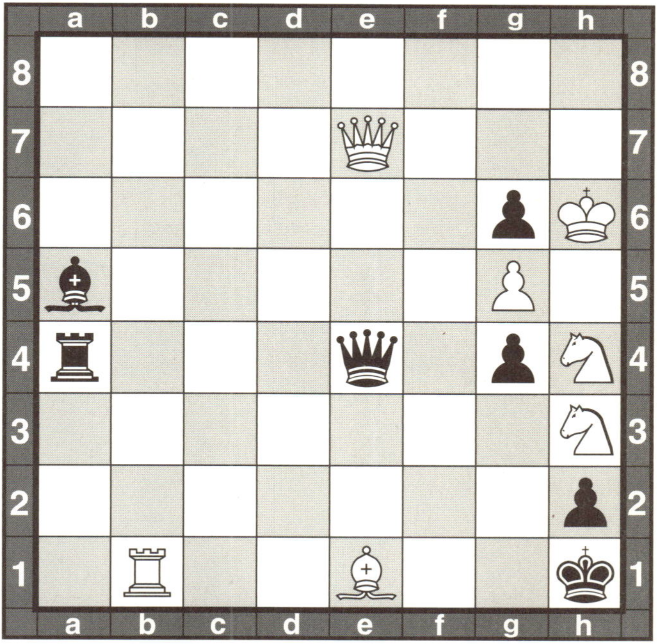

Lösung von Seite 141:

1. Db1
1. ... Kf5
   2. Ld7++
1. ... Kd6
   2. f5++
1. ... Dxc3
   2. f5++
1. ... D ~
   2. Dg6/Ld7++

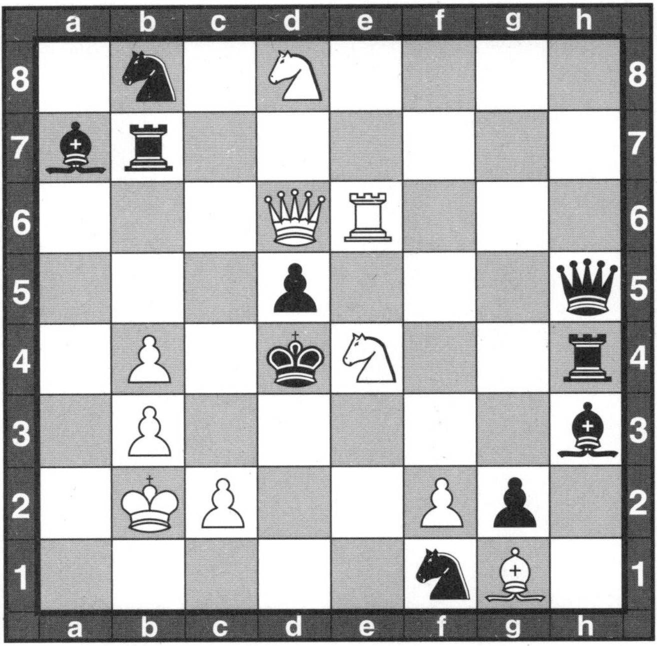

Lösung von Seite 142:

1. Tb7
1. ... Kxd5
2. Td7++
1. ... ~
2. Te7++

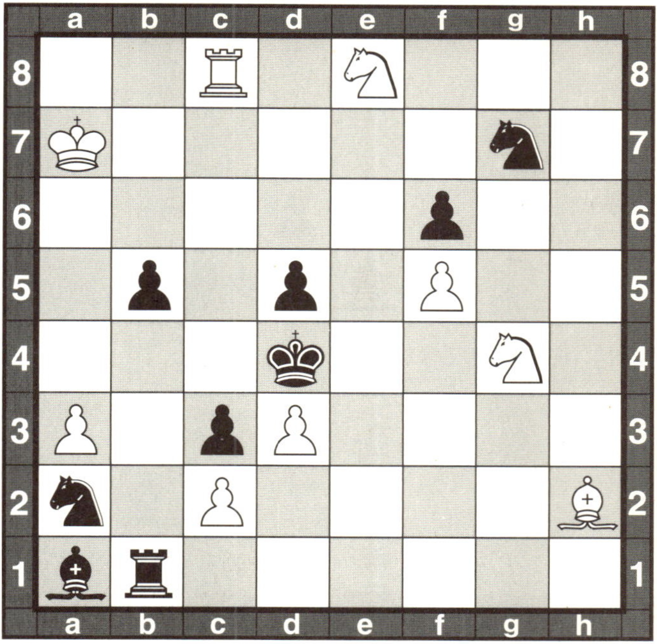

Lösung von Seite 143:

1. Db7
1. ... Lxe1
 2. Txe1++
1. ... Lb6
 2. Lf2++
1. ... g3
 2. Lxa5++
1. ... Ta1
 2. Dxe4++
1. ... Tb4
 2. Lxb4++
1. ... Tc4
 2. Lc3++
1. ... ~
 2. L(x)d2++

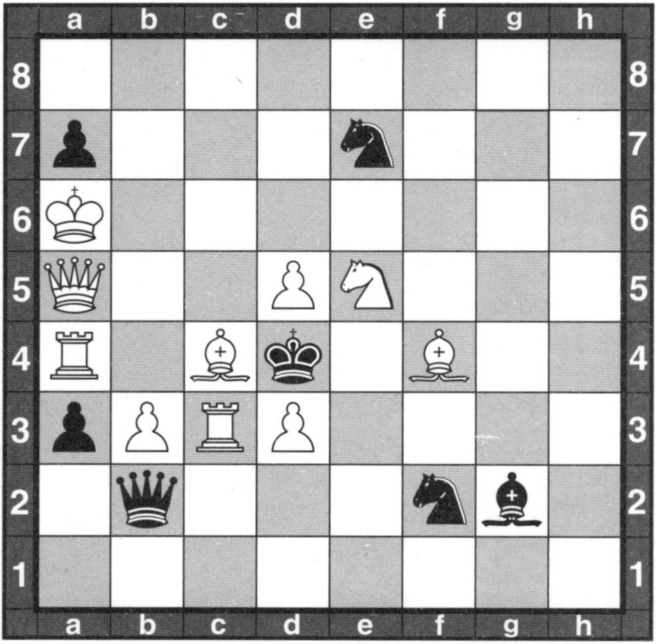

Lösung von Seite 144:

1. Sc3
1. ... Se3
2. Se2++
1. ... De2
2. Sxe2++
1. ... Df3
2. De5++
1. ... De5
2. Dxe5++
1. ... Te4
2. Txe4++
1. ... ~
2. f3++

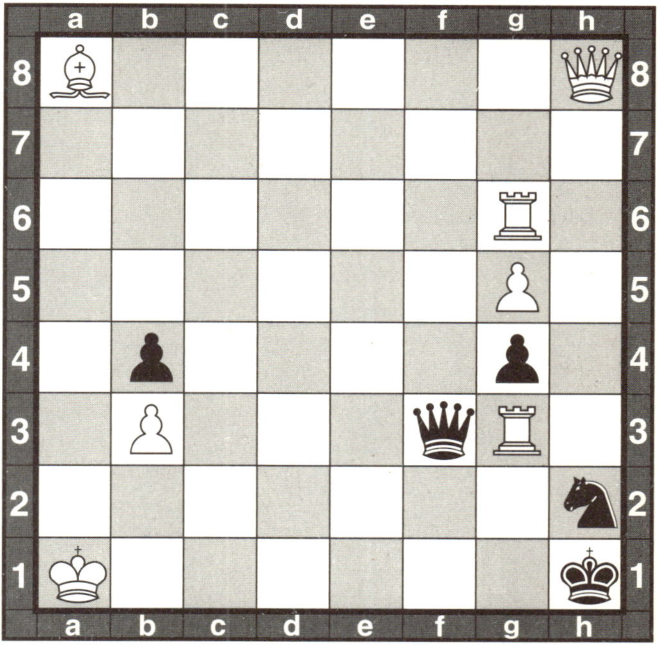

Lösung von Seite 145:

1. Sc7
1. ... b4
2. Sb5++
1. ... Tb2/Tb3//Tb4
2. Lg1++
1. ... Sc1
2. Lg1++
1. ... S7 ~ /Kc5
2. Se6++
1. ... ~
2. S(x)b5++

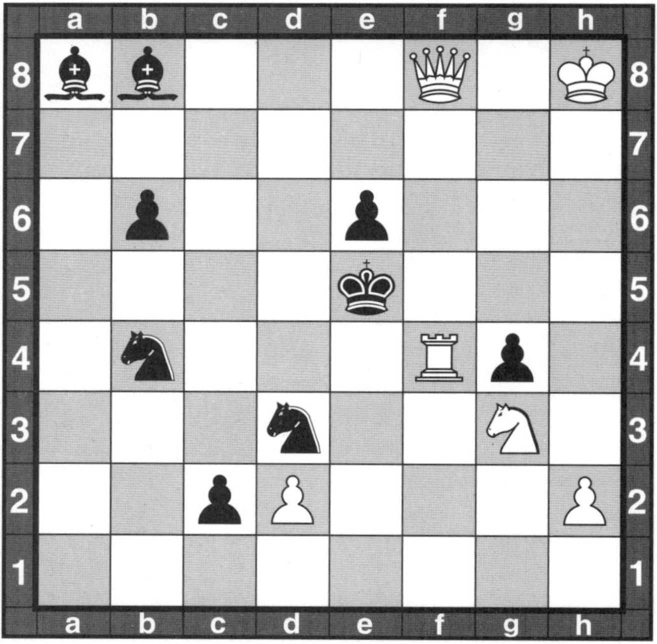

Lösung von Seite 146:

1. Kb7
1. ... Dxb3+
   2.Lxb3++
1. ... Dxc3
   2. Db6++
1. ... Lxd5+
   2.Lxd5++
1. ... a6/a2/ ~
   2. L(x)a6++

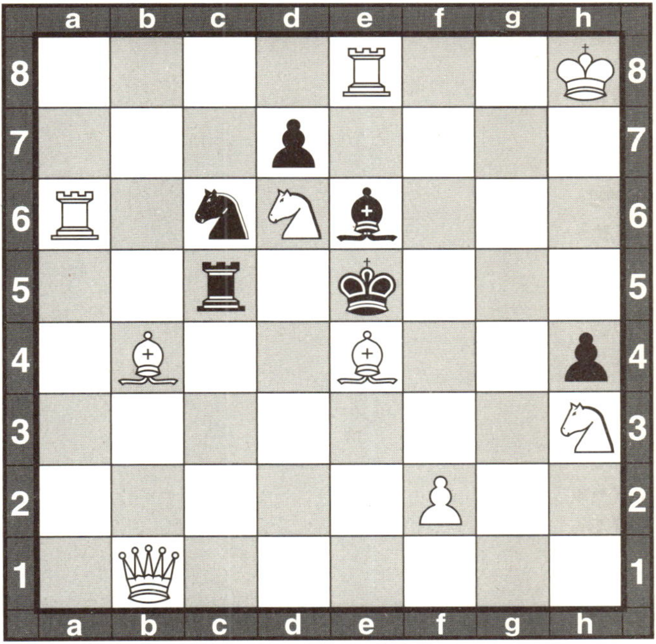

Lösung von Seite 147:

1. Tc6
1. ... Dd1+/Df1+
   2.Tc1++
1. ... Dc3+
   2.Tcxc3++
1. ... Df6+
   2.Txf6++
1. ... Dxc6
   2. Lxc6++

1. ... ~
   2. Tc1++

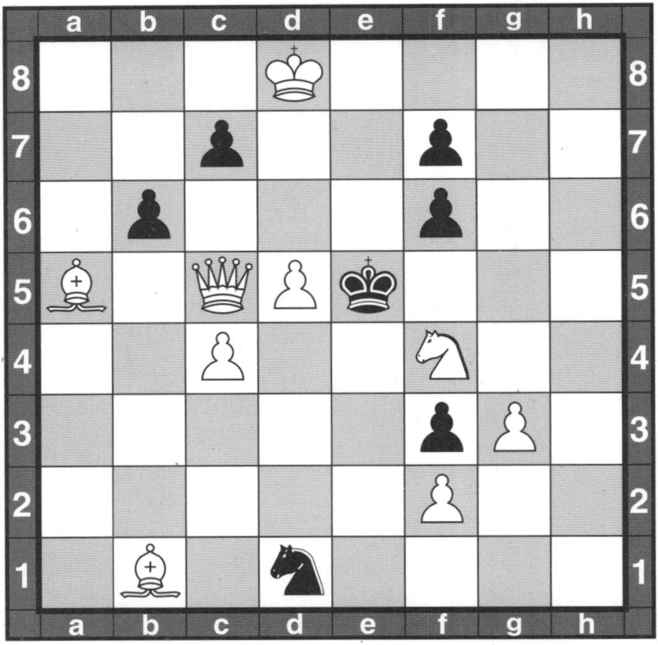

Lösung von Seite 148:

1. Dd8
1. ... Kxf4
   2. Df6++
1. ... Sxf4
   2. d4++
1. ... Sc5/Sf2
   2. Dd4++
1. ... S ~
   2. Te4++
1. ... b5/c1
   2. Dd4++
1. ... Ld5
   2. Db1++
1. ... Le4
   2. Txe4++
1. ... Ld6
   2. Dg5++
1. ... L ~
   2. Dd4++

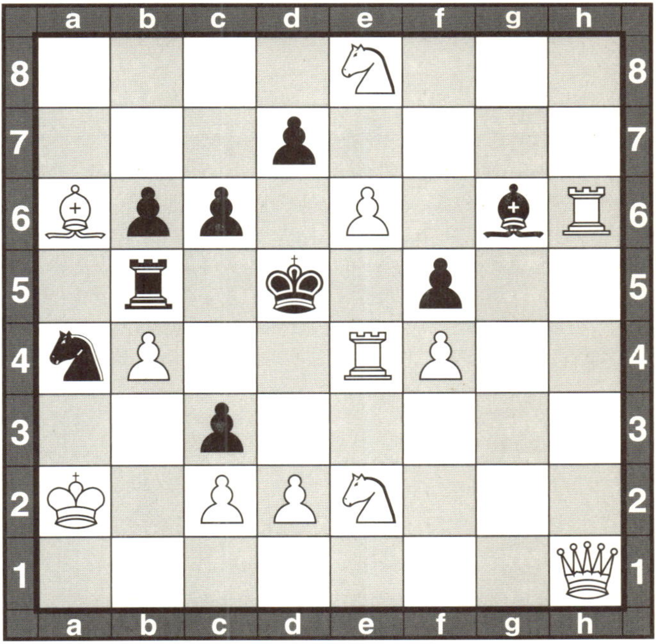

Lösung von Seite 149:

1. Dg1
1. ... Kxd6
2. Dh2++
1. ... Kd4
2. f4++
1. ... ~
2. Dg7++

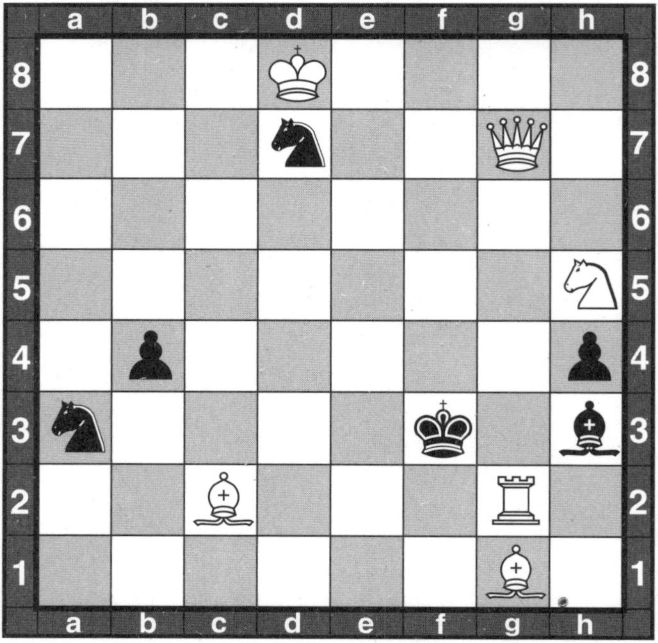

Lösung von Seite 150:

1. Se2
1. ... fxe2
 2. f4++
1. ... ~
 2. De7++

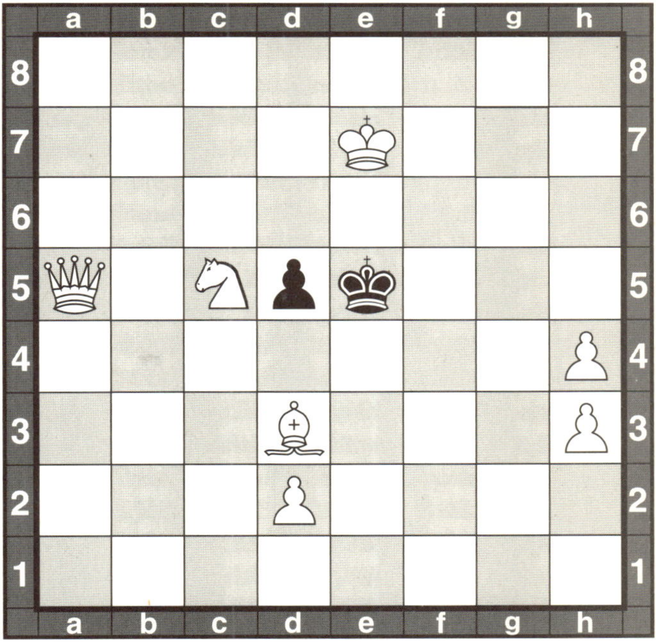

Lösung von Seite 151:

1. Db1
1. ... Kxe4
2. Dh1++
1. ... cxd2
2. c4++
1. ... c5
2. Lb2++
1. ... d6
2. Sf6++
1. ... fxe4
2. Db3++
1. ... L ~
2. Td4++
1. ... T ~
2. Te5++
1. ... S ~
2. Sxc3++

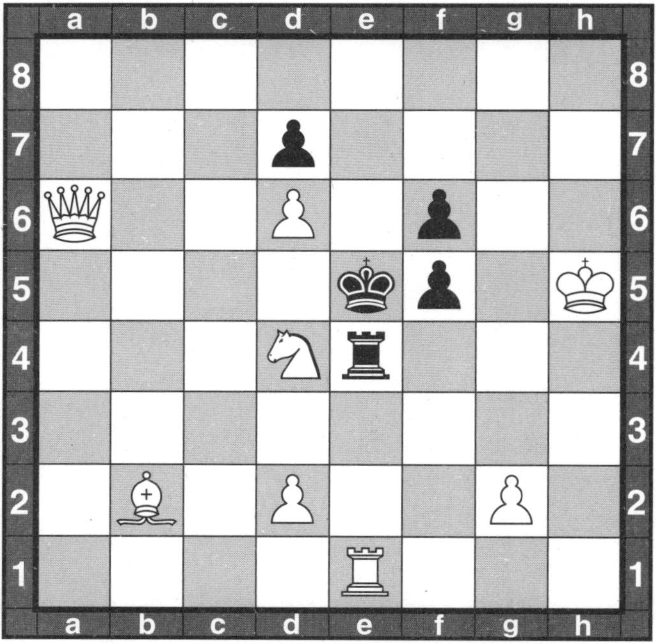

Lösung von Seite 152:

1. Da1
1. ... Kxg2
   2. Le4++
1. ... Lxg2
   2. Dd1++
1. ... S3 ~
   2. Da8++
1. ... ~
   2. Df1++

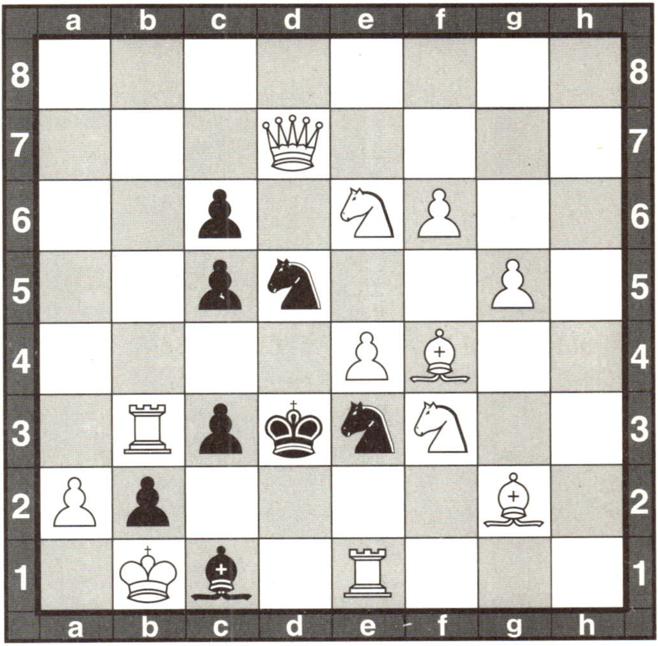

Lösung von
Seite 153:

1. Le4
1. ... dxe4
2. Se6++
1. ... Kd4
2. Dc3++
1. ... d4/Kf4
2. Dc7++

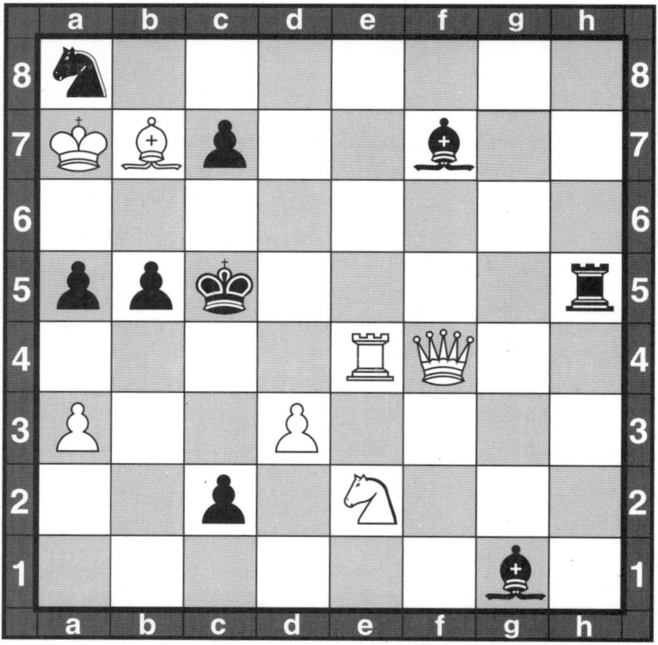

Lösung von
Seite 154:

1. Dc4
1. ... Kf4
2. Se2++
1. ... Kxd6
2. Sxf5++
1. ... T ~
2. Sb5++
1. ... f4
2. Dc5++

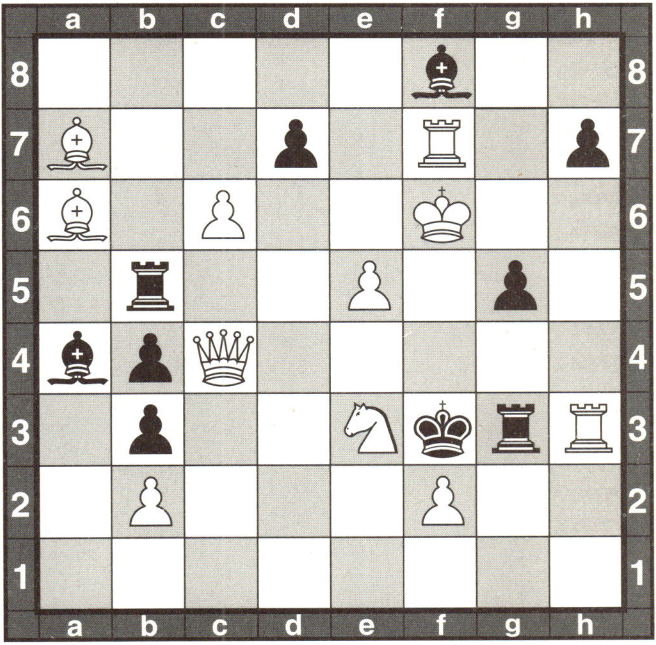

Lösung von
Seite 155:

1. Df7
1. ... Kxe4
2. Dh7++
1. ... c4
2. Sc5++
1. ... S5 ~
2.Sxc5++
1. ... ~
2. Se5++

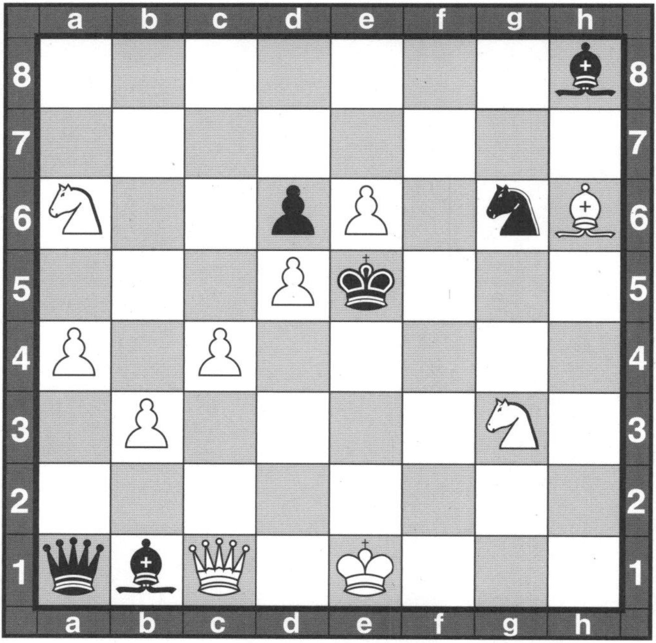

Lösung von Seite 156:

1. Te6
1. ... Td5
2. Tc6++
1. ... Tf5
2. Dxf5++
1. ... Tg5
2. Dxg5++
1. ... T ~
2. D(x)e5++
1. ... L7 ~
2. Df8++
1. ... Sb6
2. Dxc7++
1. ... a4
2. Db4++
1. ... b4
2. Dc4++
1. ... Le3
2. Dxe3++
1. ... Lf2
2. Dxf2++
1. ... ~
2. D(x)d4++

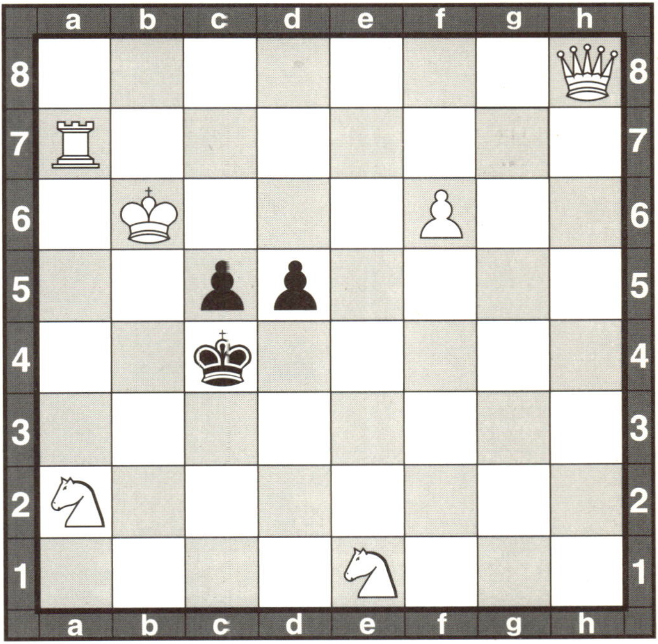

Lösung von
Seite 157:

1. Dd3
1. ... Kxf2
 2. Df1++
1. ... Kf4/T ~
 2. Df5++
1. ... g4
 2. Kg5++
1. ... h6/h7
 2. Kg6++
1. ... d6/d5
 2. Ke6++
1. ... Le7/Lh6
 2. K(x)e7++
1. ... L ~
 2. K(x)g7++

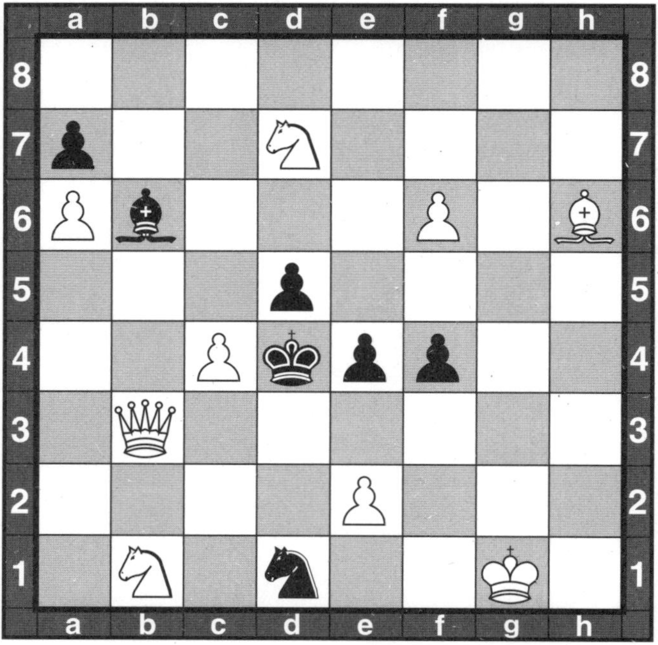

Lösung von Seite 158:

1. Sb8
1. ... Kd4
2. De3++
1. ... Kf6
2. Dg5++
1. ... Dd4
2. Sd7++
1. ... Db2
2. Dxb2++
1. ... D ~
2. D(x)c3++
1. ... Lf6
2. Sc6++
1. ... Lg7
2. Lxg7++
1. ... L ~
2. Dxa1++
1. ... S ~
2. Df4++

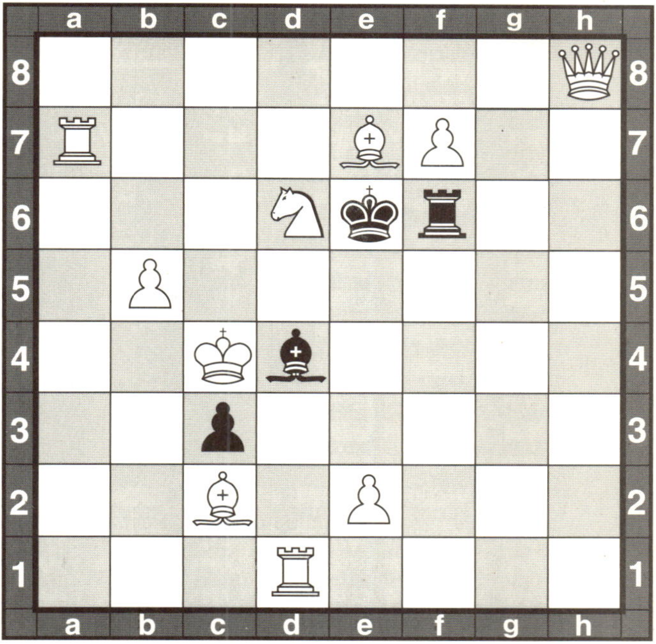

Lösung von Seite 159:

1. Db8
1. ... Kb3
   2. Kxc5++
1. ... Kd4
   2. Df4++
1. ... d4
   2. Dg8++

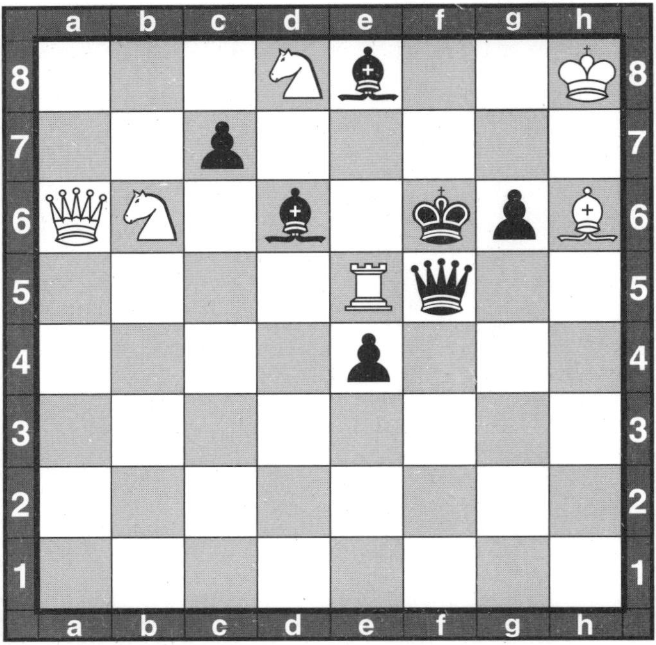

Lösung von Seite 160:

1. Db4
1. ... e3/f3
 2. c5++
1. ... Sc3
 2. Dxc3++
1. ... ~
 2. Dd2++

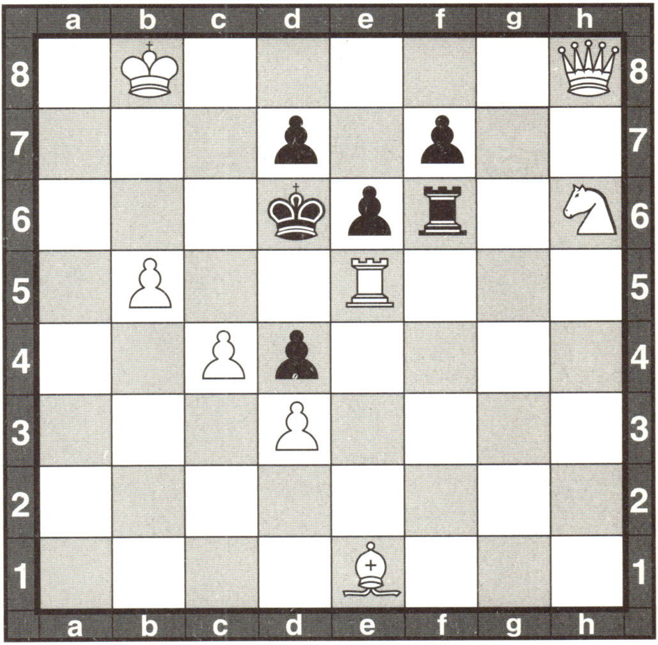

Lösung von
Seite 161:

1. Sb7
1. ... Kxe7
2. De8++
1. ... Kd7
2. Sc5++
1. ... Kxf7/T ~/Le5
2. Sd8++
1. ... Ke5/L ~
2. Dxf6++

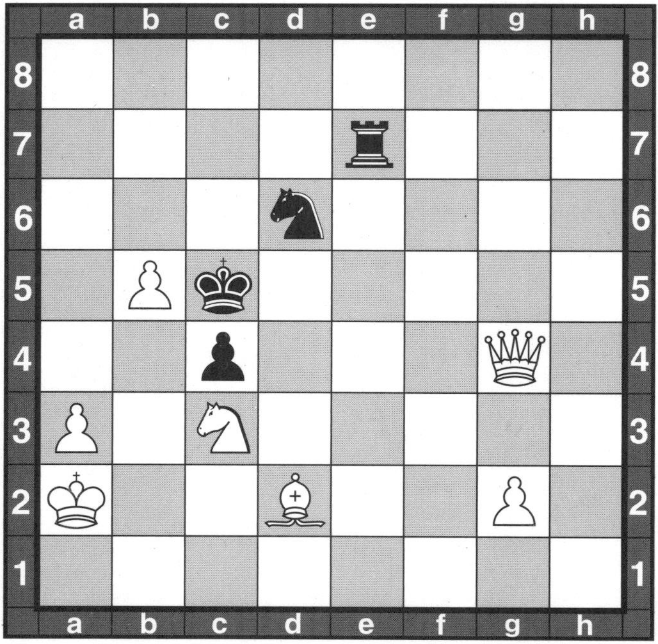

Lösung von
Seite 162:

1. Df1
1. ... Kxe5
2. Da1++
1. ... Lxe5
2. Sd5++
1. ... Dxf1
2. Lg7++
1. ... Lf7/Ld7
2. S(x)d7++
1. ... ~
2. Te6++

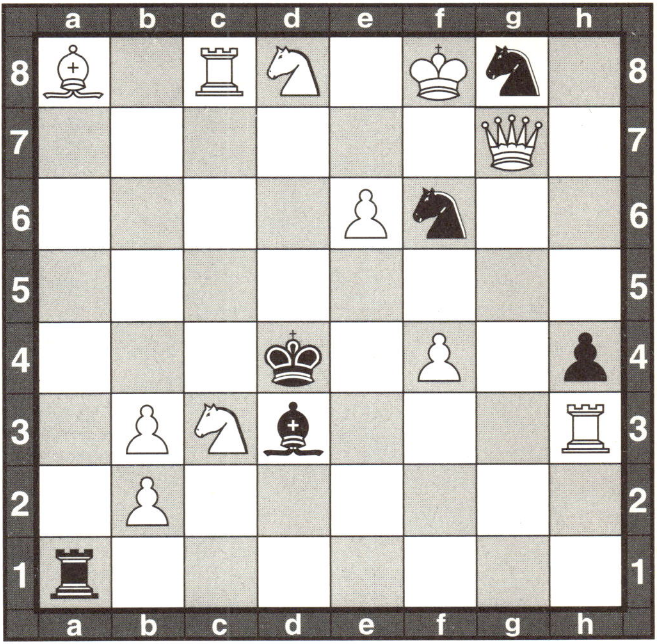

Lösung von Seite 163:

1. Lh4
1. ... Ke7
2. Sf5++
1. ... Kxe5
2. Lg3++
1. ... T~
2. c5++

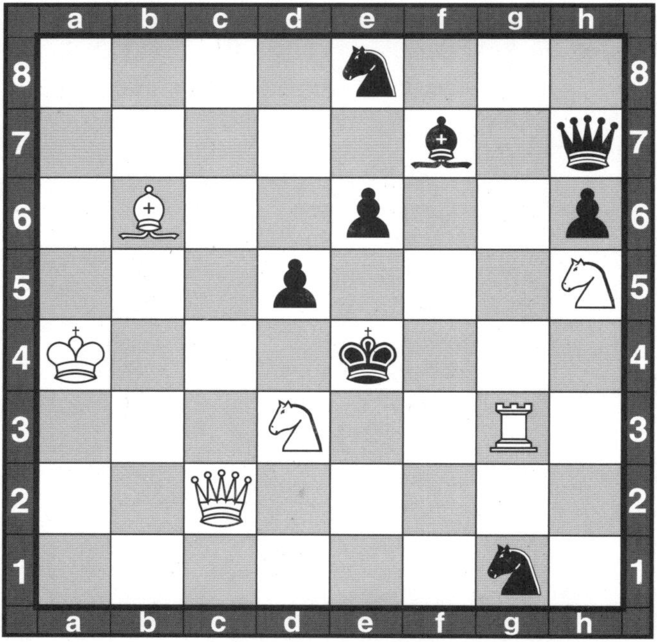

Lösung von
Seite 164:

1. Dd7
1. ... Kb6/S ~
2. Sa4++
1. ... Kd4
2. Dxd6++
1. ... T~7
2. Le3++
1. ... Te~
2. Da7++

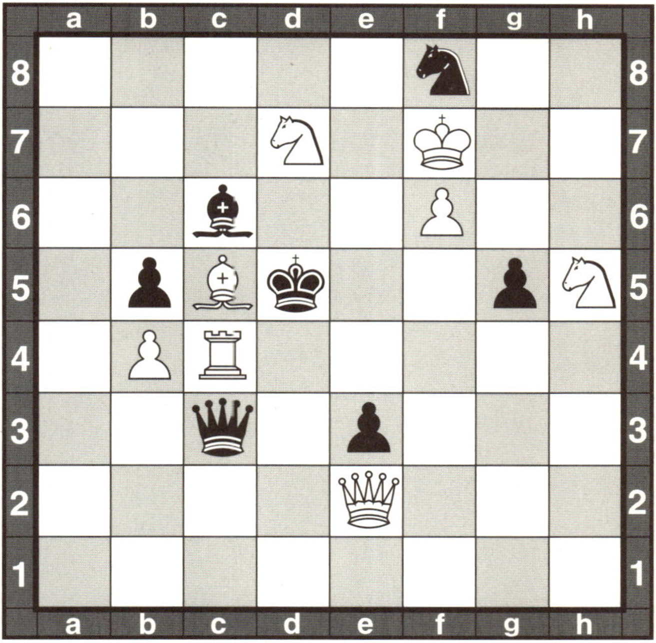

Lösung von Seite 165:

1. Lh1
1. ... Lb5
2. Sxb5++
1. ... La6/T~1
2. D(x)a7++
1. ... Ta~
2. D(x)g1++
1. ... L~
2. Tc4++
1. ... S ~
2. Dxf6++

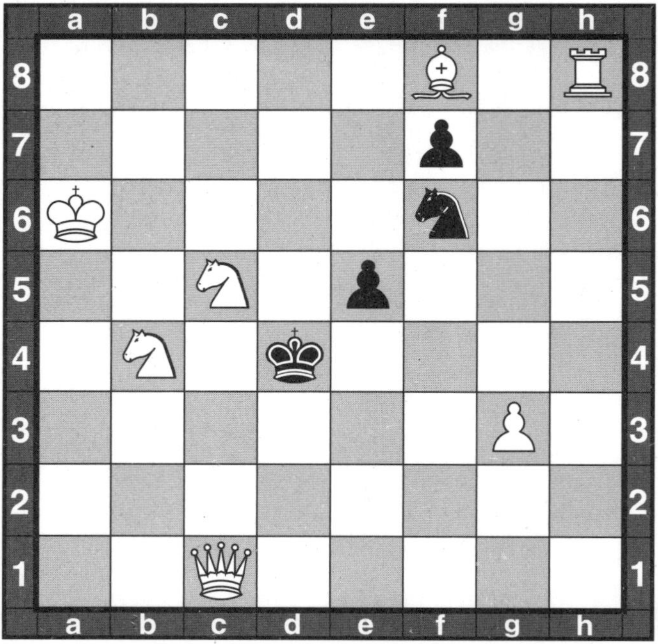

Lösung von
Seite 166:

1. Tf3
1. ... Kxf3
2. Se5++
1. ... Sxf3
2. Sg3++
1. ... d4
2. Dc6++
1. ... e5
2. Se1++

1. ... Df5
2. Te3++
1. ... ~
2. Tf4++

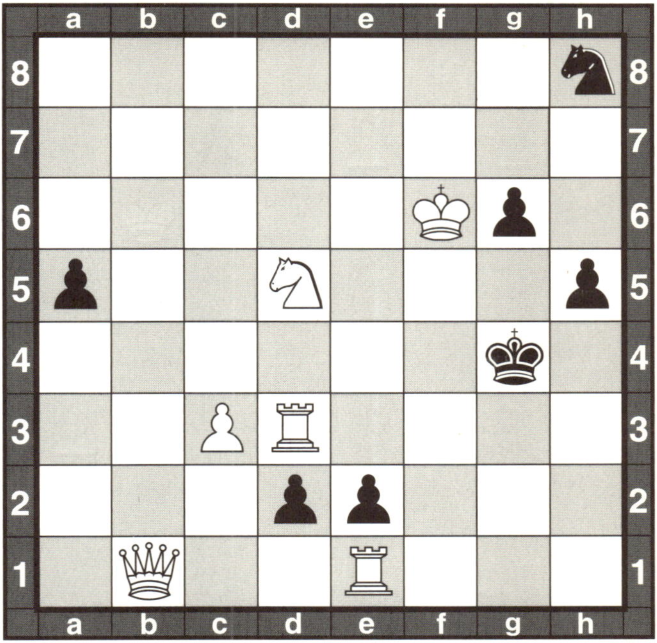

Lösung von Seite 167:

1. Dc2
1. ... Kxc4
2. Sb6++
1. ... bxc4
2. Dg2++
1. ... Dxc2
2. Td4++
1. ... Dd4
2. Txd4++
1. ... Dxc4
2. Df5++
1. ... De5
2. Sb6++
1. ... Dd3
2. Dxd3++
1. ... Dxf6+
2. Sxf6++
1. ... ~
2. De4++

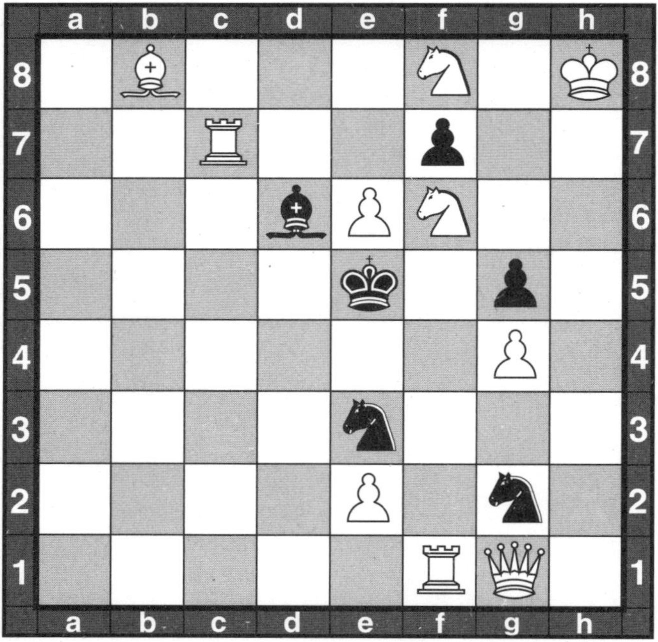

Lösung von
Seite 168:

1. Lg7
1. ... Se4
  2. Sb3++
1. ... Sd5
  2. Sc6++
1. ... S ~
  2. Th4/Td8++
1. ... e4
  2. Lxf6++

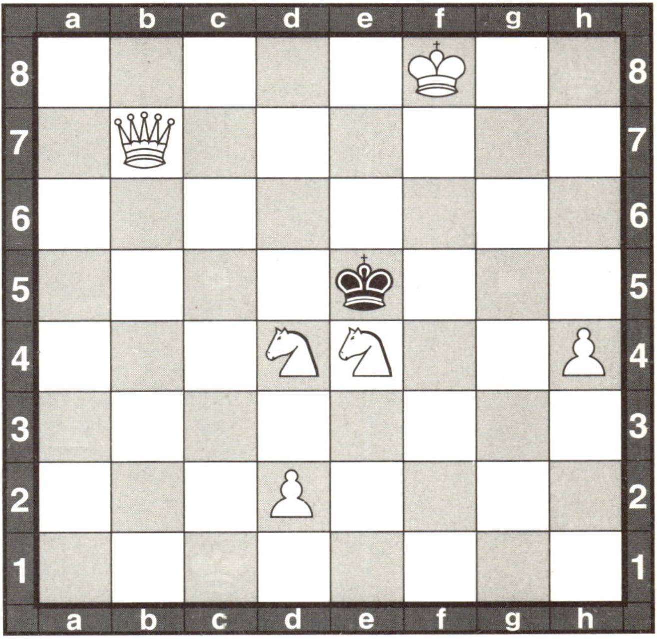

Lösung von Seite 169:

Dd1
1. ... exd1
2. Te4++
1. ... dxe1/Kh4
2. Da4++
1. ... h4
2. Dxe2++
1. ... ~
2. D(x)a4++

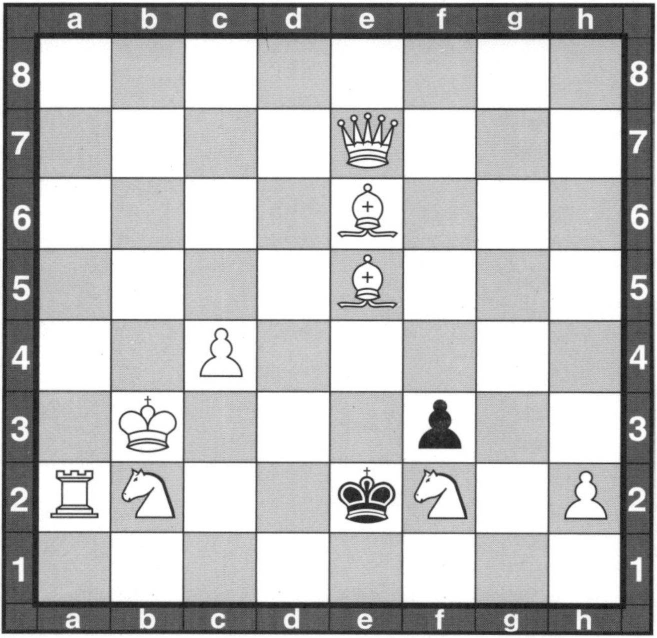

Lösung von
Seite 170:

1. Tf4
1. ... Kxf4
2. Dh2++
1. ... Lxf8
2. Te7++
1. ... Le7
2. Txe7++
1. ... Lxc7
2. Lxc7++
1. ... L ~
2. T(x)c5++
1. ... Sxg4
2. Dd4++
1. ... S3 ~
2. T(x)f4++
1. ... Sxf4
2. Da1++
1. ... S2 ~
2. Dxe3++
1. ... bxf4
2. Da1++
1. ... fxe6
2. Sg6++

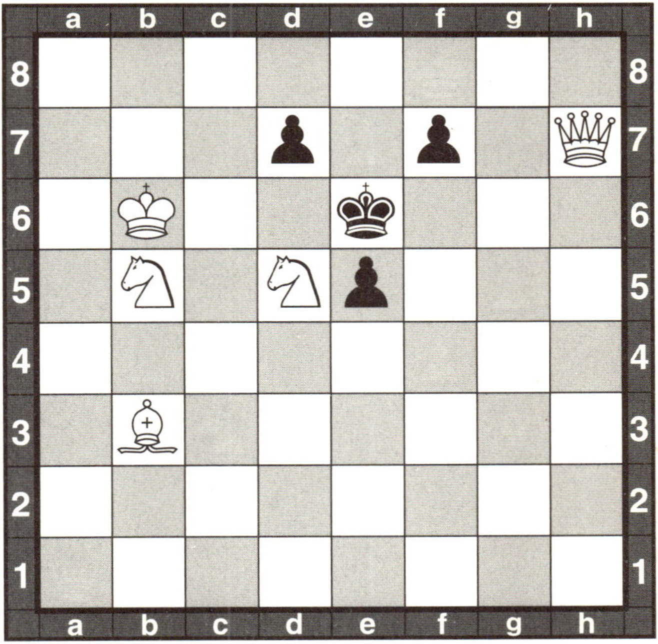

Lösung von Seite 171:

1. Sf6
1. ... Kxd4
   2. Dd5++
1. ... Kf4
   2. Dc7++
1. ... Kxf6
   2. Dg7++
1. ... Kd6
   2. De7++

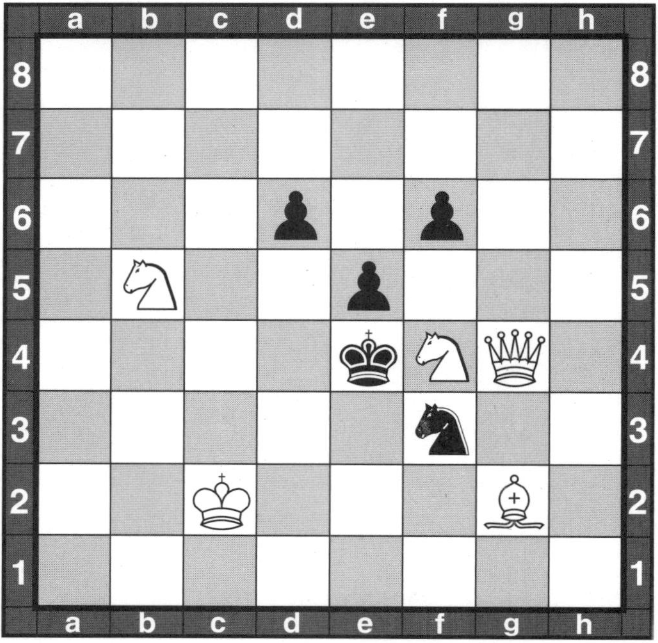

Lösung von
Seite 172:

1. Lh3
1. ... Kxf2
  2. Ld4++
1. ... Kd2
  2. Lf4++
1. ... Ke1
  2. Sbd3++
1. ... Ke3
  2. Sbd1++

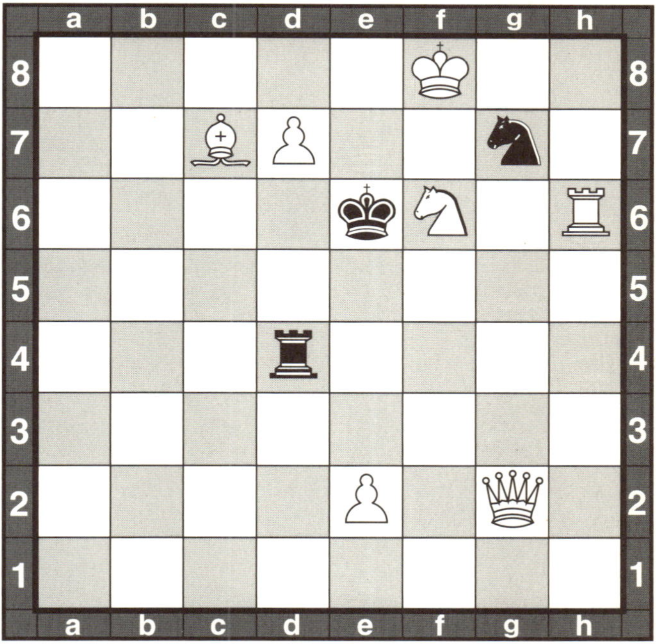

Lösung von
Seite 173:

1. La4
1. ... Kxd5
   2. Lb3++
1. ... d6
   2. Sbc7++
1. ... f6
   2. Sdc7++
1. ... f5
   2. Dg8++
1. ... e4
   2. Dxe4++

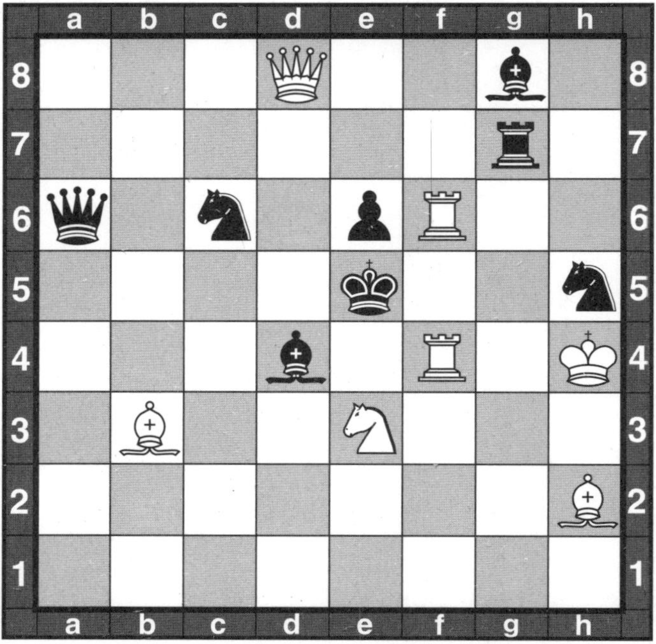

Lösung von Seite 174:

1. Lh1
1. ... Ke3
2. Dxf3++
1. ... f5
2. Dxf3++
1. ... exf4
2. De6++
1. ... d5
2. Sg2++

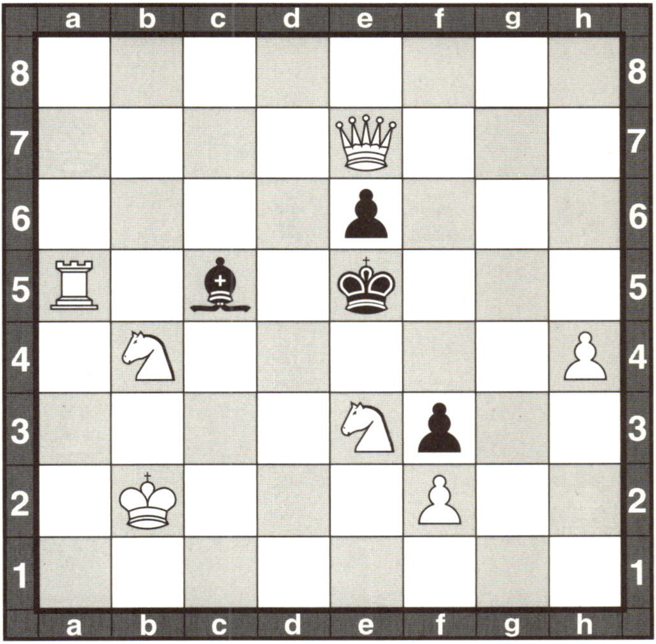

Lösung von Seite 175:

1. Lf4
1. ... Kf5
2. Dg4++
1. ... Txf4
2. Dd5++
1. ... Te4
2. Dxe4++
1. ... Td~
2. De4++
1. ... T~4
2. Dd5++
1. ... Sf5
2. Dg8++
1. ... S ~
2. Dg4++

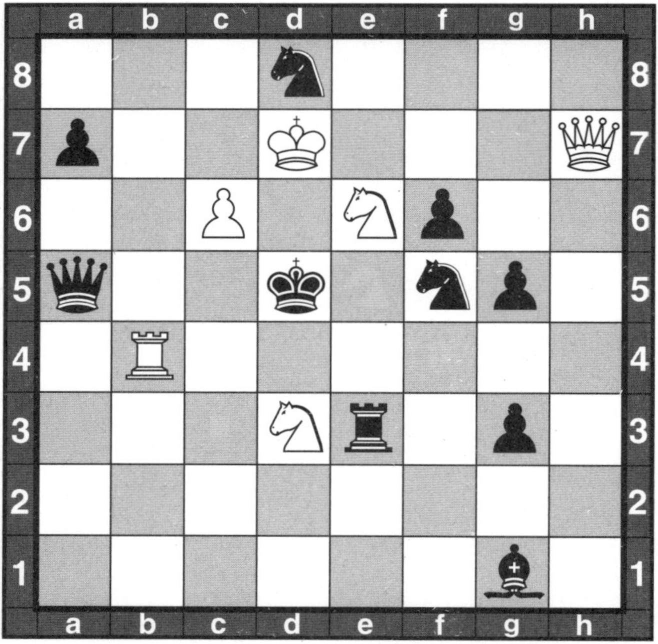

Lösung von
Seite 176:

1. Ld5
1. ... exd5
2. Dd6++
1. ... L4 ~
2. Te4++
1. ... Sxf4
2. Lxf4++
1. ... Sg3
2. Te4++
1. ... Tg3
2. Te4++
1. ... ~
2. T4f5++

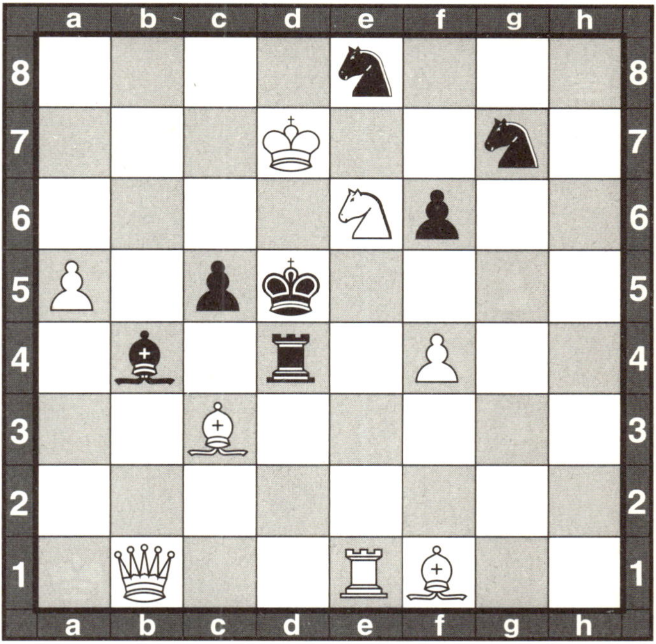

Lösung von Seite 177:

1. Dh7
1. ... Kf4
   2. Sd3++
1. ... Kd4
   2. Sc6++
1. ... Kf6
   2. Sg4++
1. ... Kd6
   2. Sc4++

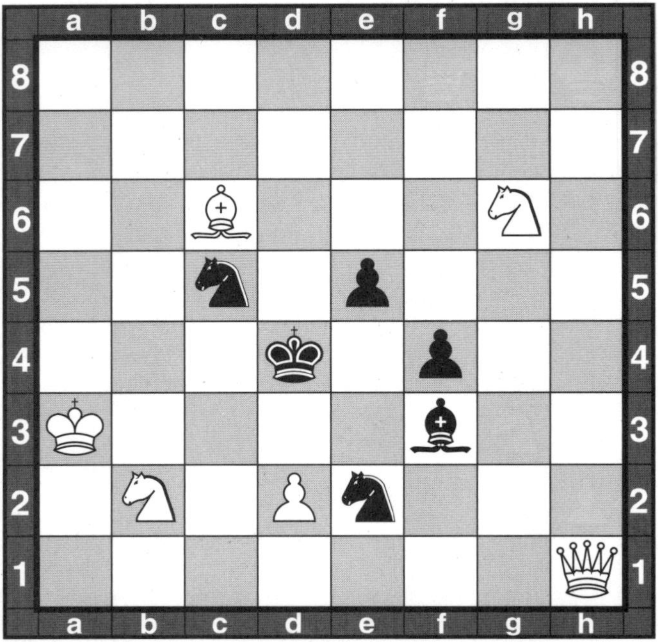

Lösung von Seite 178:

1. Dh4
1. ... gxh4
2. S6f4++
1. ... Db6
2. Dc4++
1. ... D ~
2. S(x)c7++
1. ... S5 ~
2. T(x)d4++
1. ... Te4/Txd3
2. D(x)e4++
1. ... ~
2. Dc4++

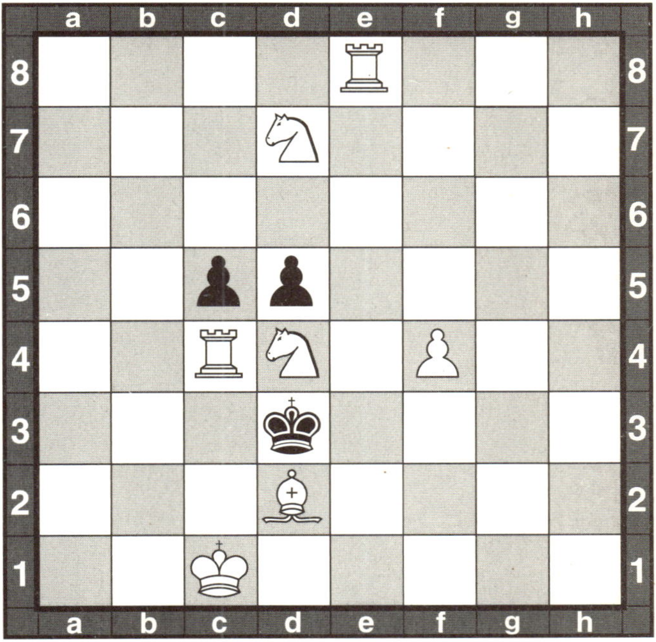

Lösung von Seite 179:

1. La6
1. ... Tc4
2. Lb7++
1. ... Te4
2. Dxe4++
1. ... Txf4
2. Sxf4++
1. ... Td3
2. Dxd3++
1. ... T~
2. De4++
1. ... c4
2. Lb7++
1. ... f5
2. Te5++
1. ... L~
2. Db7++
1. ... S8 ~
2. S(x)c7++
1. ... S7 ~
2. Df5++

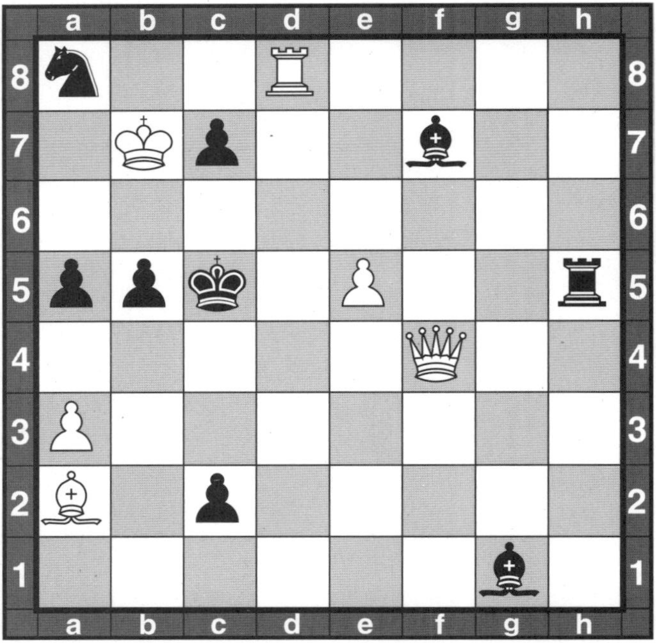

Lösung von Seite 180:

1. Sxf4
1. ... exf4
2. Dh8++
1. ... e4
2. Dh8++
1. ... Lg4/Lg5
2. Dd5++
1. ... L~
2. Sxe2++

1. ... S2 ~
2. D(x)g1++
1. ... S5 ~
2. S(x)e6++

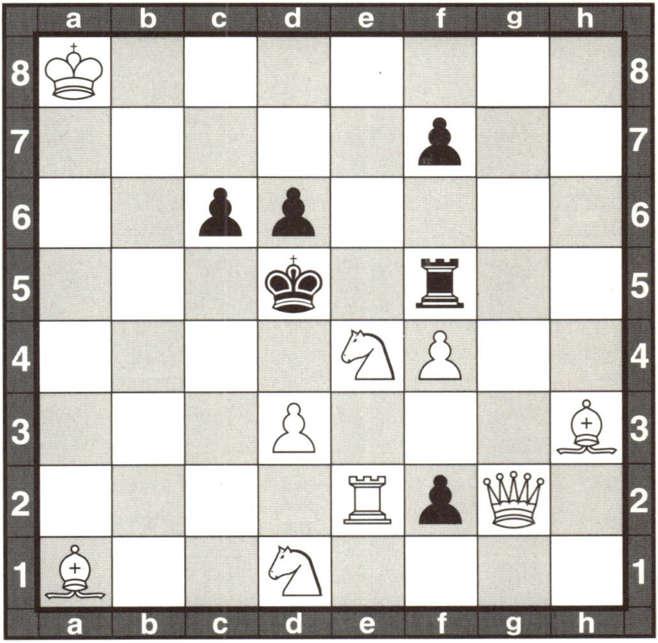

Lösung von Seite 181:

1. Te4
1. ... Kxc4
   2. Se5++
1. ... Kxe4
   2. Sxc5++
1. ... dxc4
   2. Sxc5++
1. ... dxe4
   2. Se5++

1. ... cxd4
   2. Txd4++

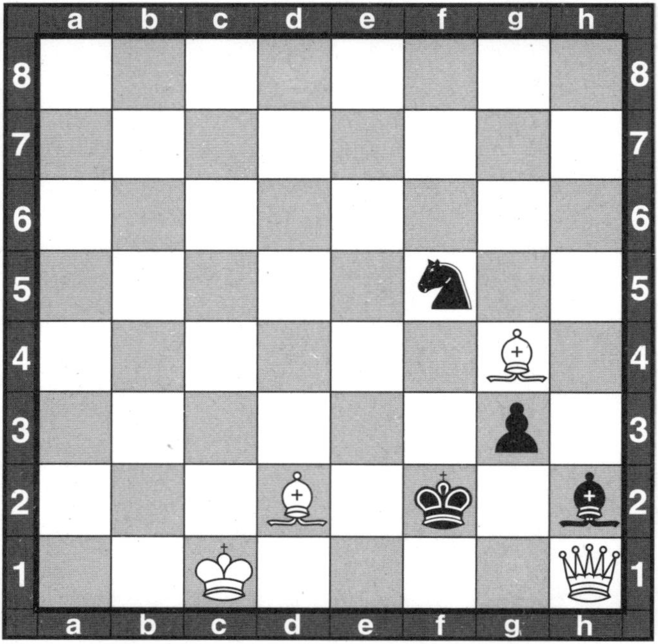

Lösung von
Seite 182:

1. e6
1. ... a4
   2. De3++
1. ... b4
   2. Dc4++
1. ... Le3
   2. Dxe3++
1. ... Lf2
   2. Dxf2++
1. ... Td5
   2. Txd5++
1. ... Tf5
   2. Dxf5++
1. ... Tg5
   2. Dxg5++
1. ... T~
   2. D(x)e5++
1. ... Sb6
   2. Dxc7++
1. ... ~
   2. D(x)d4++

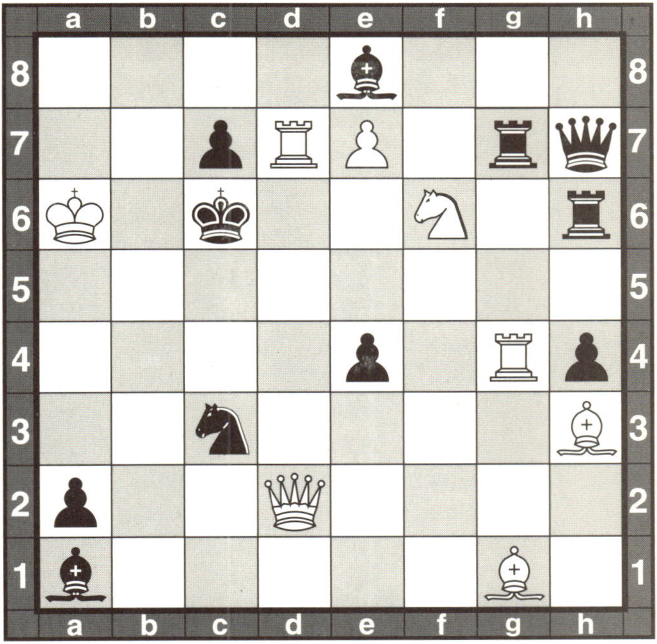

Lösung von
Seite 183:

1. Te1
1. ... Ke6
2. Sc5++
1. ... c5
2. Sf6++
1. ... f6
2. Dg8++
1. ... fxe1D/f1D
2. Da2++
1. ... T~
2. Se3++

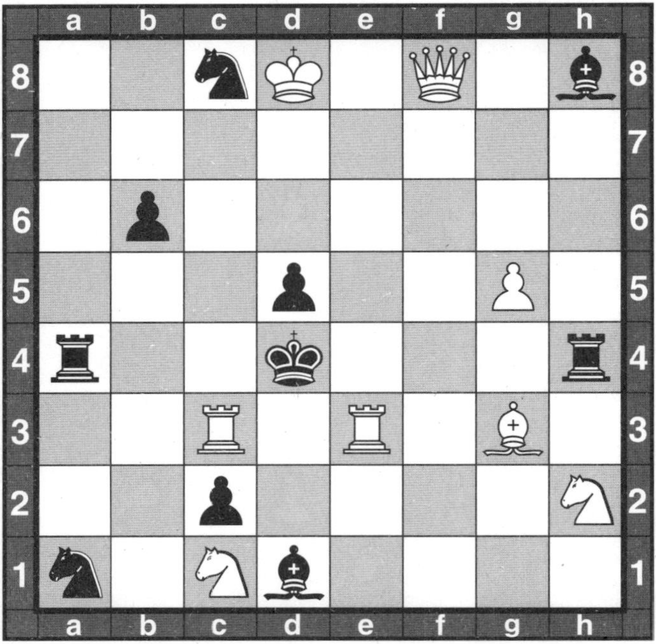

Lösung von Seite 184:

1. Lc3
1. ... Ke3/Lg1
2. Df3++
1. ... g2
2. De1++
1. ... Se3
2. Le1++
1. ... S ~
2. L(x)d4++

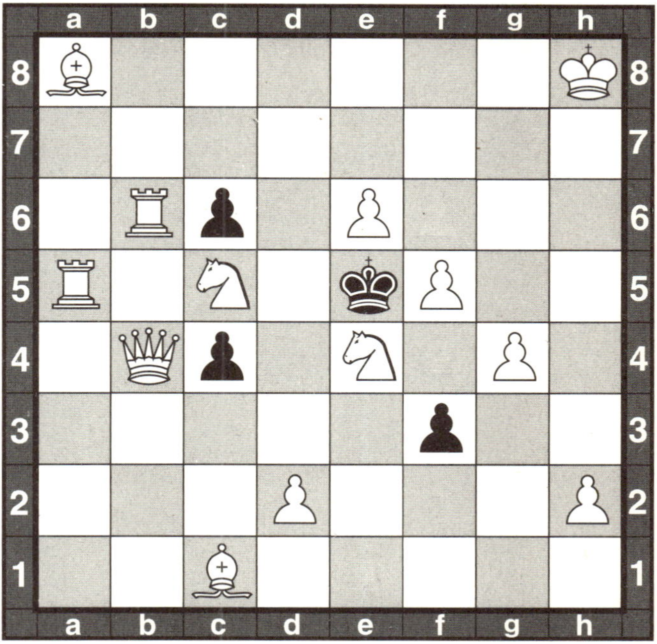

Lösung von Seite 185:

1. Sd5
1. ... Kxd7+
2.Tg6++
1. ... e3
2. Tc4++
1. ... Td6
2. T(x)c7++
1. ... S(x)d5
2. Dxd5++
1. ... ~
2. Sb4++

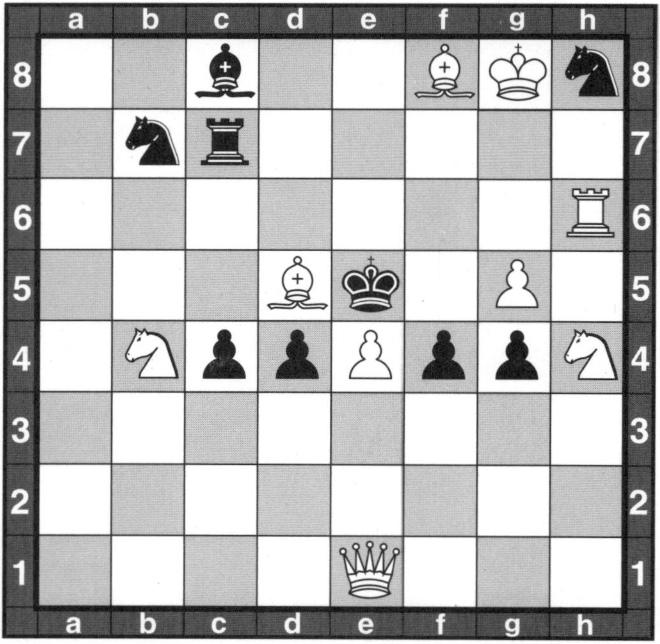

Lösung von Seite 186:

1. Lc7
1. ... b5
2. Dc5++
1. ... Te4
2. Ted3++
1. ... Tg4
2. Dxh8++
1. ... Th ~
2. D(x)f4++
1. ... Tc4
2. Tcd3++
1. ... Ta ~
2. D(x)b4++
1. ... L1 ~
2. Dxh8++
1. ... Le5
2. Lxe5++
1. ... Lf6
2. Dxf6++
1. ... Lg7
2. Dxg7++
1. ... Sb3
2. Sxb3++
1. ... S8 ~
2. Lxb6++

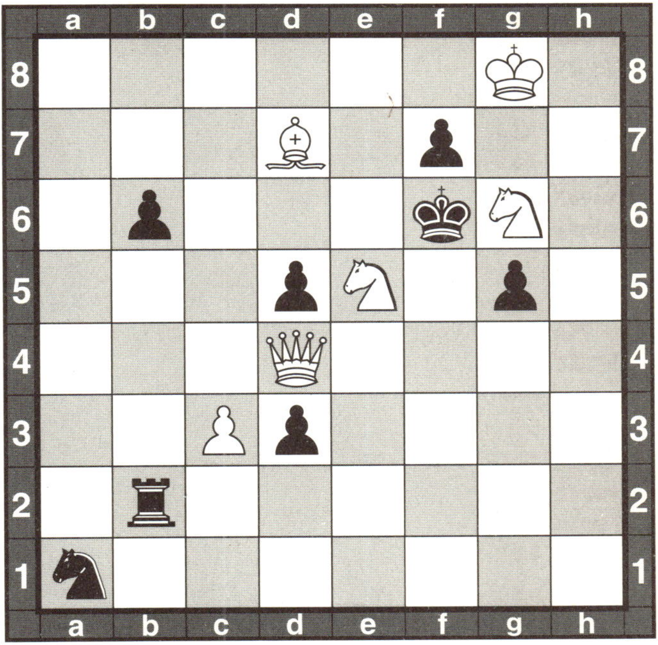

Lösung von
Seite 187:

1. Sf2
1. ... Kf6
2. Sce4++
1. ... Kd6
2. Sa6++
1. ... Kd4
2. Sb3++
1. ... Kf4
2. d4++
1. ... Kd5
2. Sb3++
1. ... c3
2. Sd7++

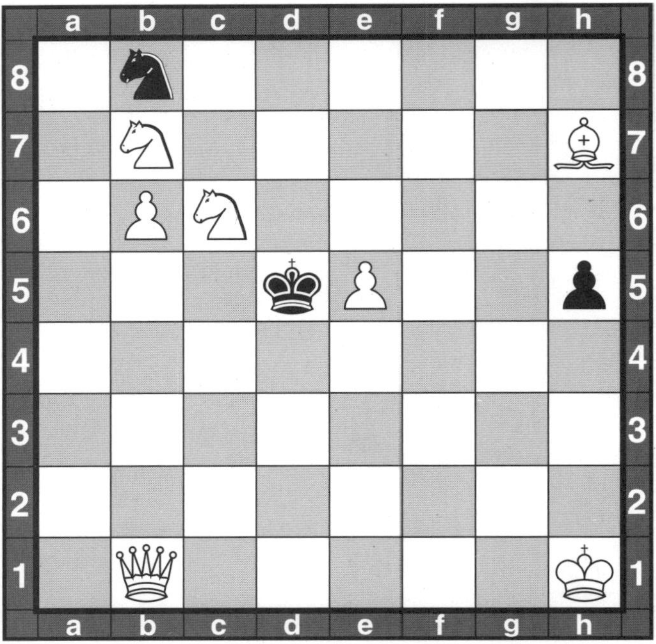

Lösung von Seite 188:

1. Tg6
1. ... c3
2. Sd3++
1. ... d3
2. Dc3++
1. ... f3
2. Dg3++
1. ... g3
2. Sf3++
1. ... Tc5
2. Lg7++
1. ... T ~
2. S(x)c6++
1. ... Ld7
2. Lg7++
1. ... Le6
2. Txe6++
1. ... Lf5
2. exf5++
1. ... S7 ~
2. L(x)d6++
1. ... Sxg6
2. Sxg6++
1. ... Sf7
2. Lg7++

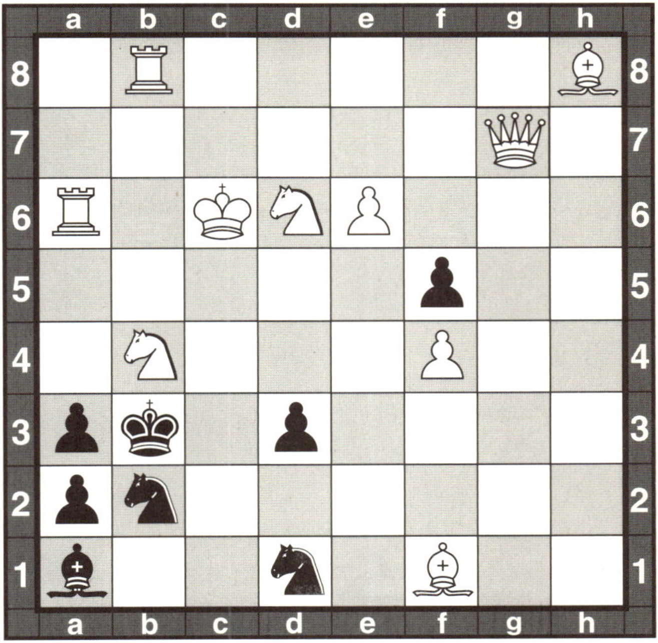

Lösung von
Seite 189:

1. c4
1. ... b5
2. Db6++
1. ... d2
2. Df2++
1. ... g4
2. Df4++
1. ... fxg6
2. Sc6++
1. ... dxc4
2. Dd6++
1. ... T~2/Sb3
2. Dxb6++
1. ... Tb~/Sc2
2. Df2++

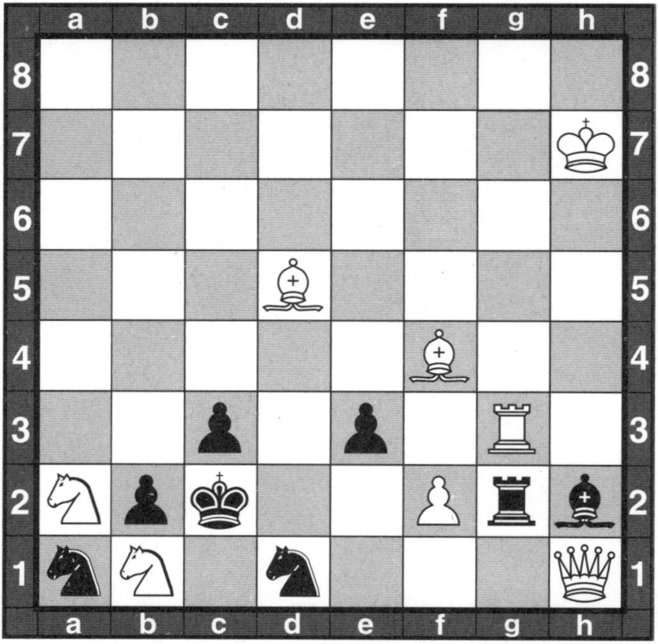

Lösung von Seite 190:

1. e6
1. ... Kc4
   2. Dd3++
1. ... Kxe6
   2. Df5++
1. ... Kxc6
   2. Le4++
1. ... h4/S ~
   2. De4++

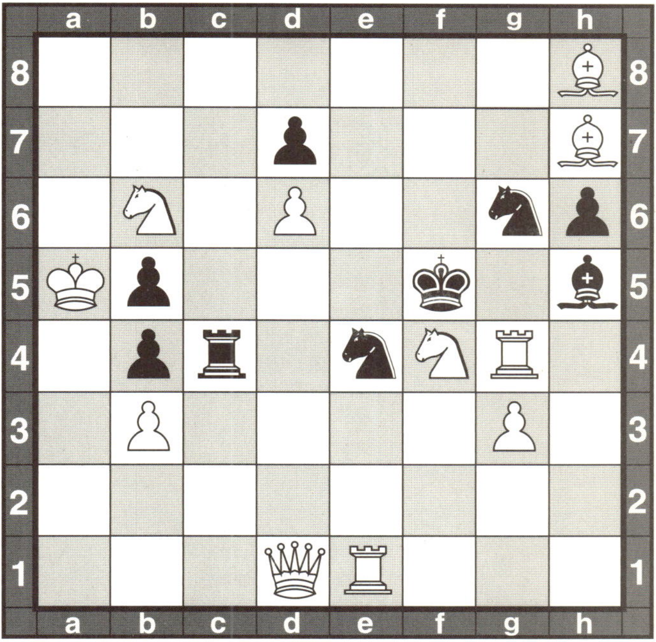

Lösung von
Seite 191:

1. Sb7
1. ... Kxb4
   2. Sd6++
1. ... Kc4/Sa4
   2. Sa5++
1. ... Sc4/d2
   2. Sc5++
1. ... S1 ~
   2. D(x)c3++

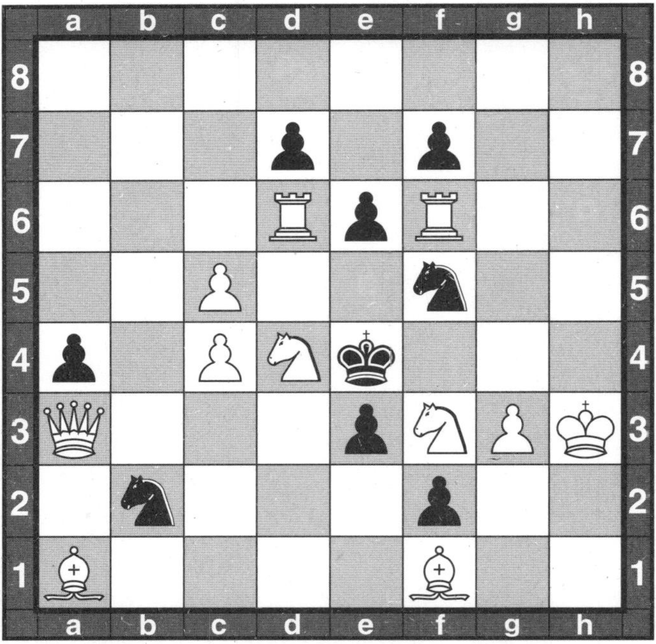

Lösung von
Seite 192:

1. Kh8
1. ... Kxb1/Kd3
2. Dxd1++
1. ... e2
2. Sa3++
1. ... T~
2. De4++
1. ... L~
2. Dh7++
1. ... Sxf2
2. Sb4++
1. ... Sb3
2. Le4++

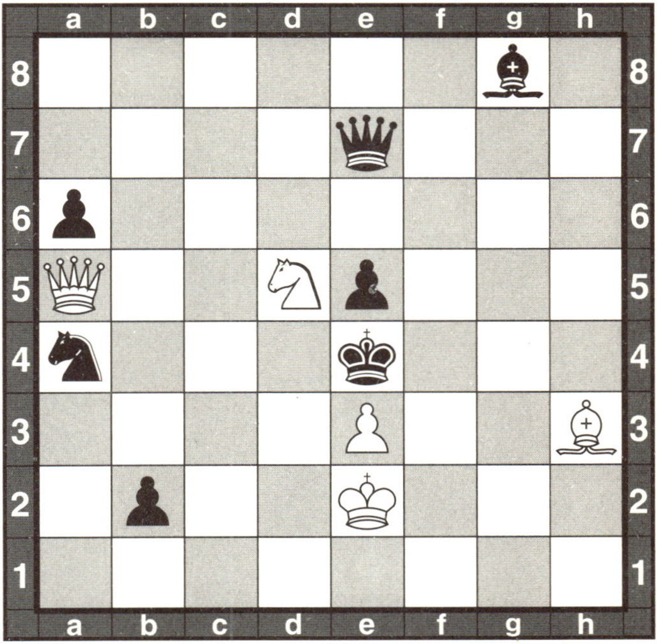

Lösung von
Seite 193:

1. Se6
1. ... Kxe6
 2. Dd5++
1. ... T~
 2. S(x)d4++
1. ... Lxg4
 2. Dd5++
1. ... S ~
 2. T(x)g5++

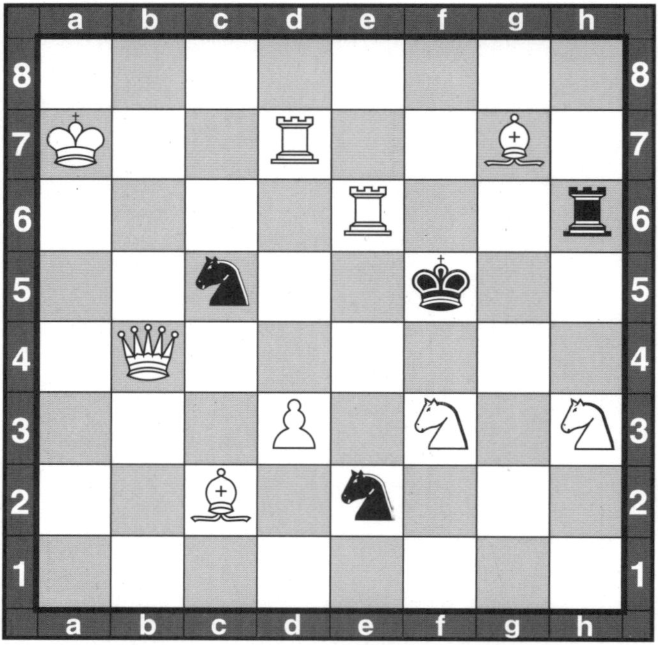

Lösung von Seite 194:

1. Sb3
1. ... axb3
2. Da8++
1. ... ~
2. Sbd2++

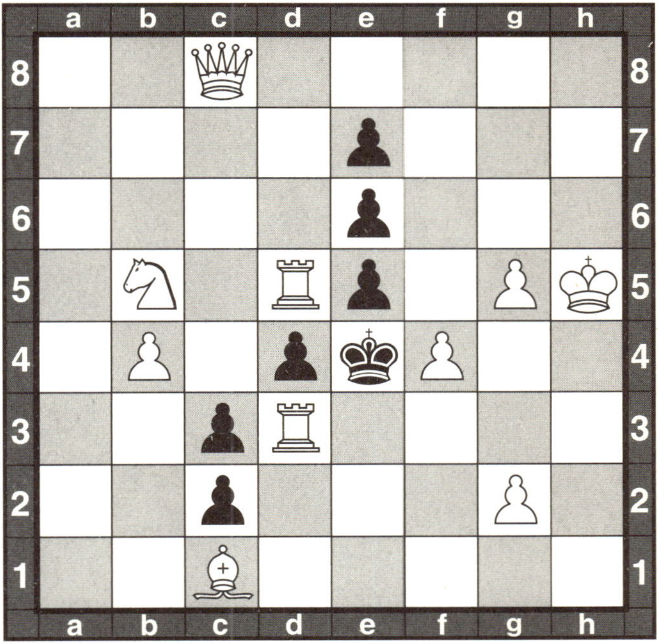

Lösung von Seite 195:

1. Dc5
1. ... Dxc5/Dc7
   2. Sf6++
1. ... Lxd5
   2. Dc2++
1. ... Sxc5/Sb6
   2. Sc3++
1. ... ~
   2. Dc4++

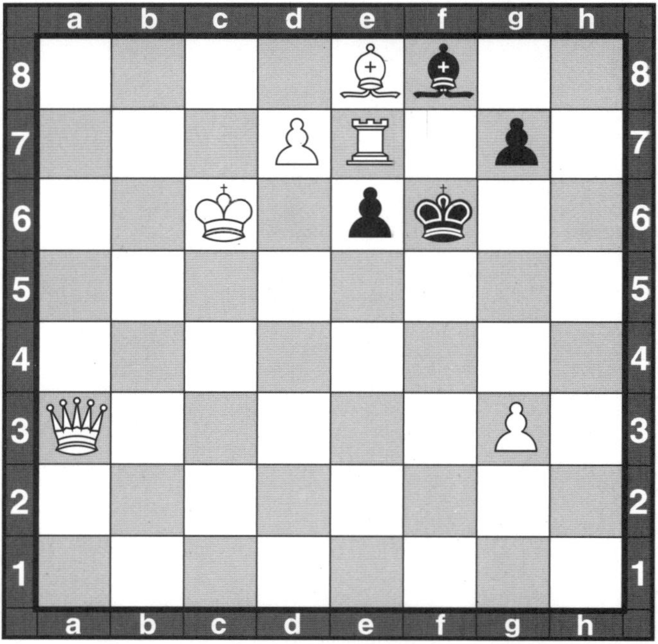

Lösung von Seite 196:

1. Ld1
1. ... Kxe6
2. Dg4++
1. ... Txe6
2. Sh4+–
1. ... Tg6
2. Te5++
1. ... T ~
2. T(x)f6++
1. ... Sxe6
2. Sh4++
1. ... S5~
2. D(x)e4++
1. ... S2 ~
2. S(x)d4++

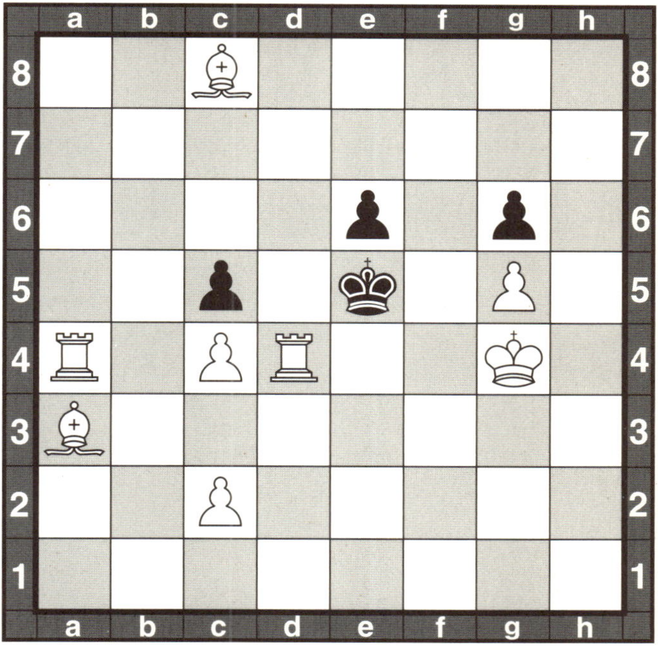

Lösung von Seite 197:

1. Da6
1. ... Kxd5
2. Sxc3++
1. ... Kxd3
2. Sd6++
1. ... Kf5
2. Txe5++
1. ... exd5
2. Dg6++
1. ... exf4
2. T3xd4++

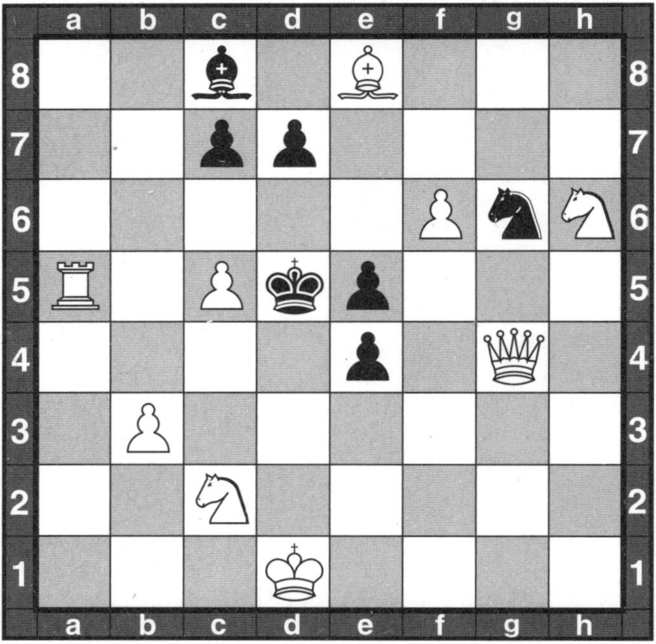

Lösung von Seite 198:

1. De3
1. ... g6
2. Tf7++
1. ... e5
2. Dxe5++
1. ... Kxe7
2. Dg5++
1. ... ~
2. Df4++

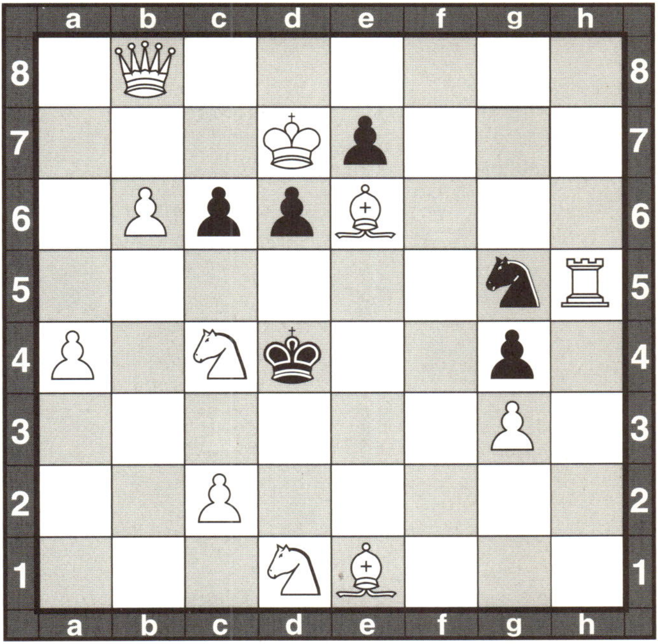

Lösung von Seite 199:

1. Kf3
1. ... Kxd4
   2. Lb2++
1. ... Kf5
   2. Td5++
1. ... cxd4
   2. Ta5++

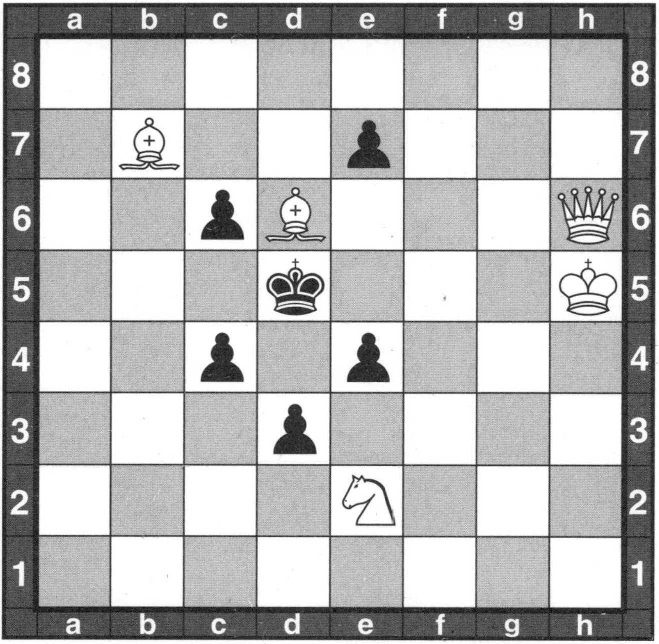

Lösung von Seite 200:

1. Sg8
1. ... Kc6
2. Dxe4++
1. ... c6
2. Lf7++
1. ... d6
2. c6++
1. ... e3
2. Sb4++
1. ... L ~
2. Dxd7++
1. ... S ~
2. S(x)e7++

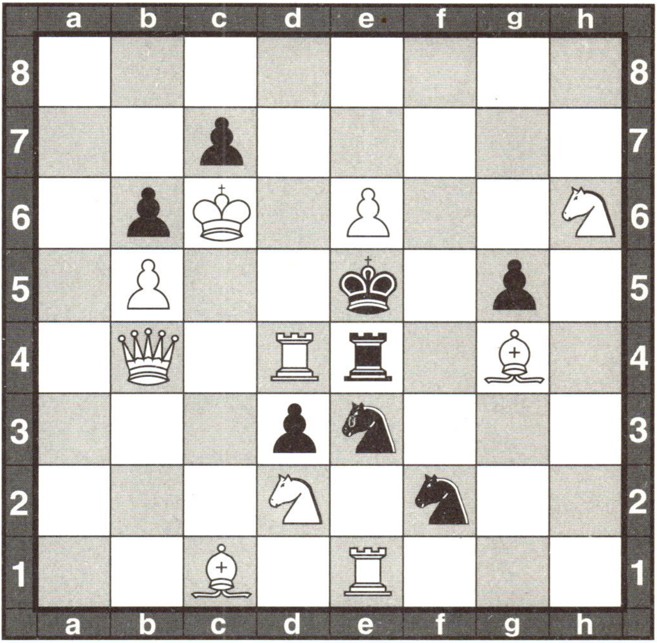

Lösung von Seite 201:

1. Sd2
1. ... Kc5/Se4
   2. Sb3++
1. ... Ke5/c5/Sh3
   2. Dh8++
1. ... d5/S ~
   2. Lf2++

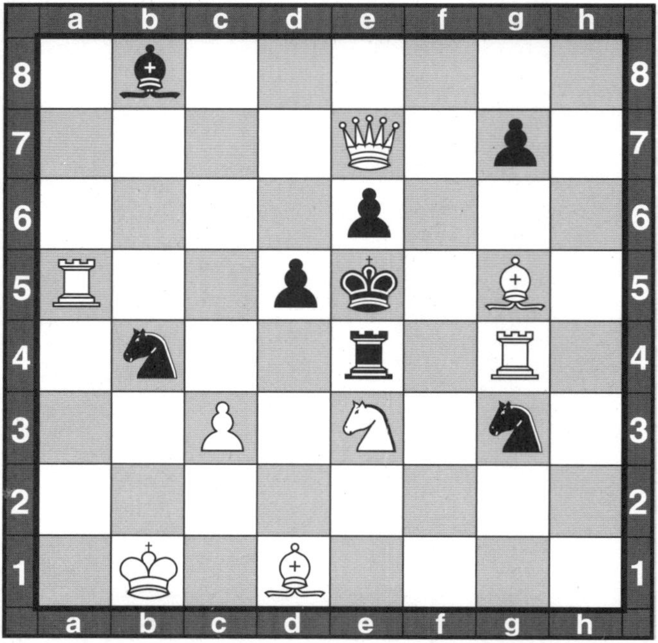

Lösung von Seite 202:

1. Lc8
1. ... exd6
2. Dg5++
1. ... dxe2
2. Dd2++
1. ... c5
2. Lb7++
1. ... ~
2. De6++

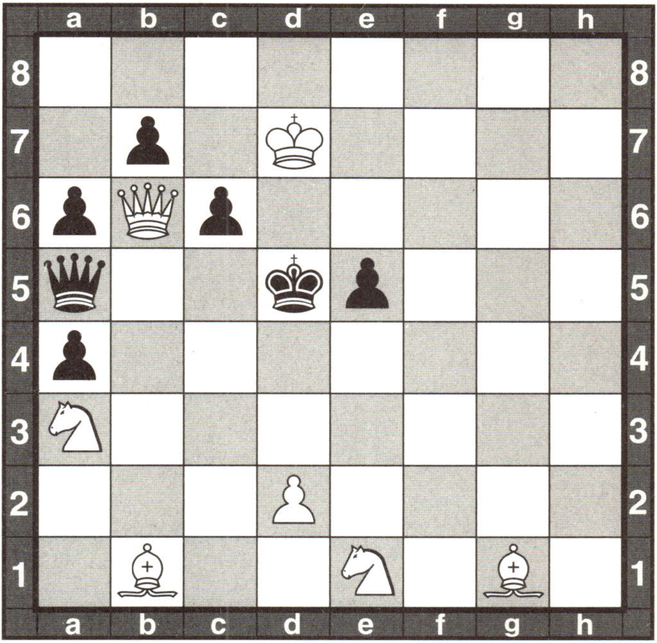

Lösung von Seite 203:

1. De7
1. ... Kxd4
2. Lb2++
1. ... Kf4
2. Dxc7++
1. ... Sf ~
2. Txe4++
1. ... Txd4
2. Dxg5++
1. ... Tf4
2. Td5++
1. ... ~
2. Sf3++

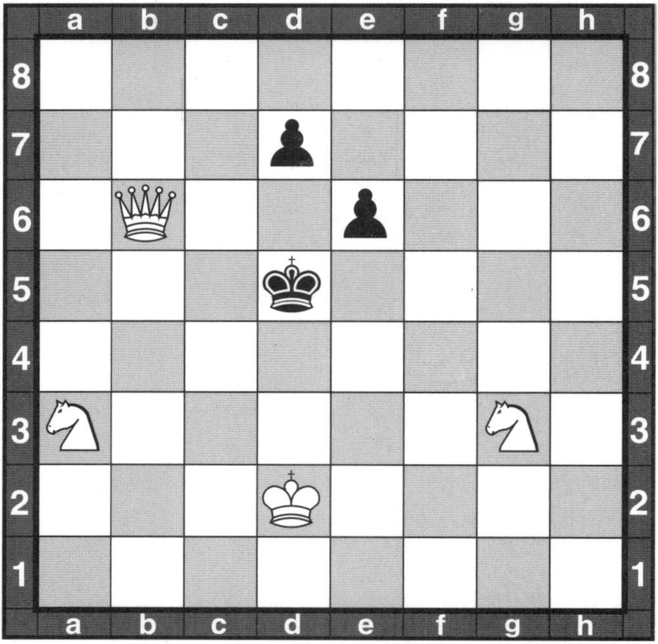

Lösung von Seite 204:

1. Lc2
1. ... g6
2. Lf6++
1. ... Ld6
2. Dxg7++
1. ... L ~
2. D(x)c7++
1. ... Td4
2. cxd4++
1. ... Tc4
2. Sxc4++
1. ... Txg4
2. Sxg4++
1. ... T ~
2. L(x)f4++
1. ... Sb ~
2. Txd5++
1. ... Sg ~
2. Txe4++

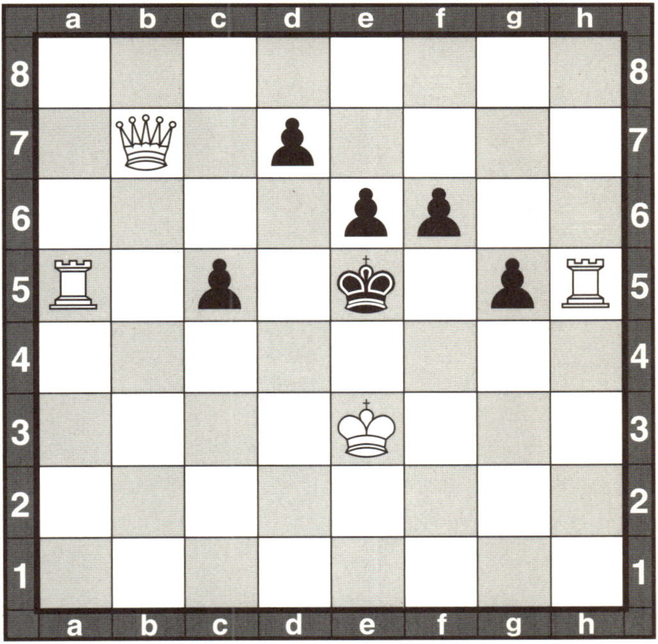

Lösung von Seite 205:

1. Sc4
1. ... Kxc4
2. La2++
1. ... Dxb6
2. Sxb6++
1. ... D ~
2. D(x)c5++
1. ... c5
2. De6++
1. ... e4
2. Dd4++
1. ... ~
2. Se3++

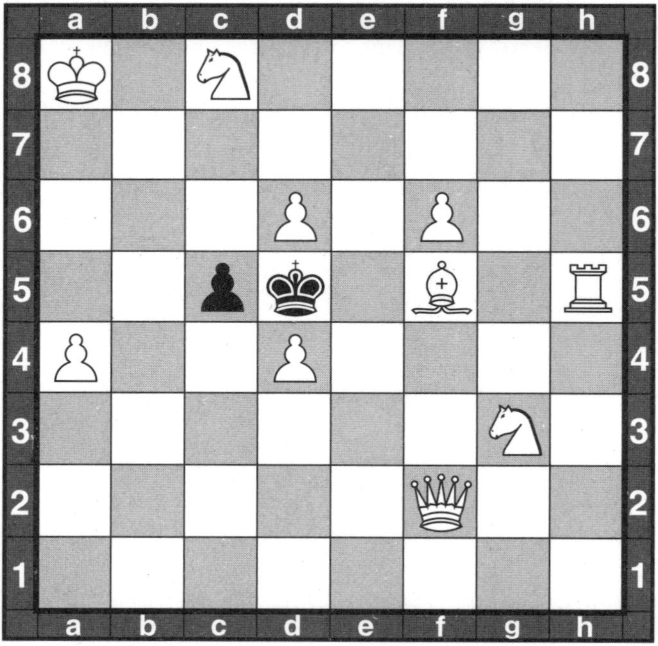

Lösung von Seite 206:

1. Sc2
1. ... Ke5
   2. Dd4++
1. ... Kc4
   2. Se3++
1. ... d6
   2. Db5++
1. ... e5
   2. Se3++

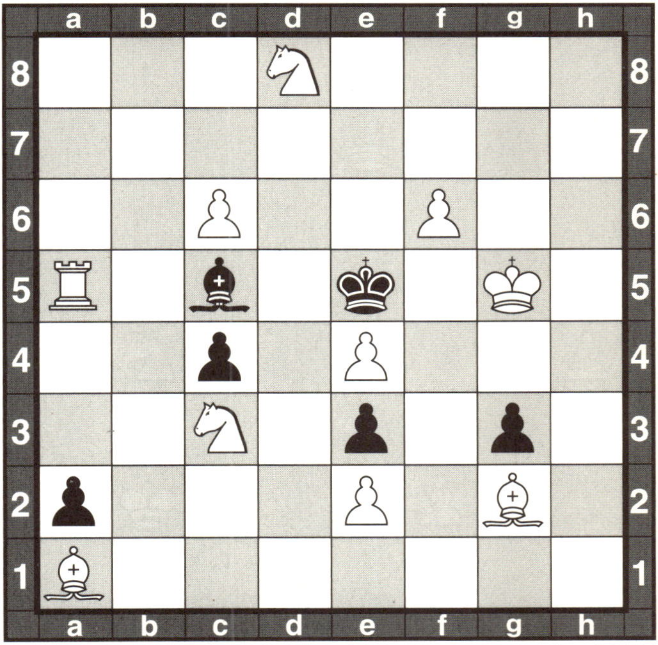

Lösung von Seite 207:

1. Db4
1. … Kf5
   2. De4++
1. … Kd5/Kd6
   2. Dxc5++
1. … f5
   2. Dd4++
1. … d6
   2. De4++
1. … d5
   2. Df4++

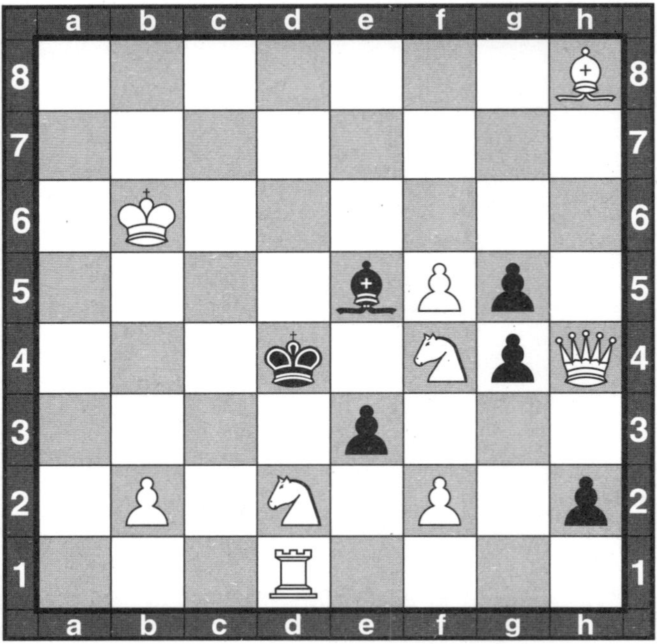

Lösung von Seite 208:

1. Db2
1. ... Kc4
 2. Sb6++
1. ... Kc6
 2. Db7/g2++
1. ... c4
 2. Ld7++
1. ... cxd4
 2. Db5++

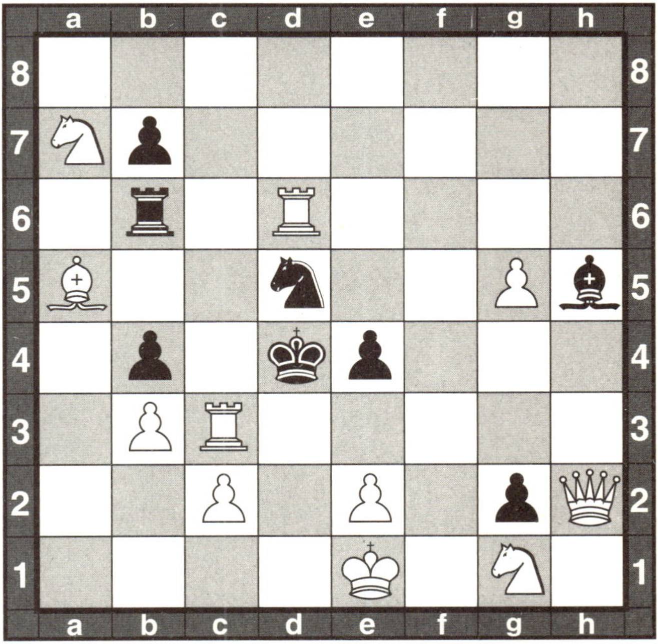

Lösung von Seite 209:

1. Kh5
1. ... Kf4/xf6
   2. Sd5++
1. ... Kd4/d6
   2. Sb5++

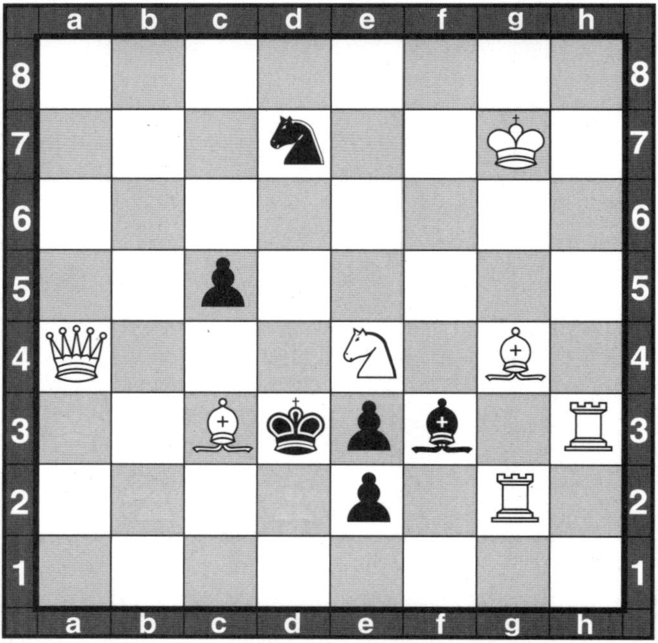

Lösung von Seite 210:

1. Ta1
1. ... gxf4
 2. Dd8++
1. ... Lxh8
 2. Dxh8++
1. ... Lf6
 2. Lxf6++
1. ... Lg7
 2. Lxg7++
1. ... exf2
 2. Dxf2++
1. ... ~
 2. Ta4++

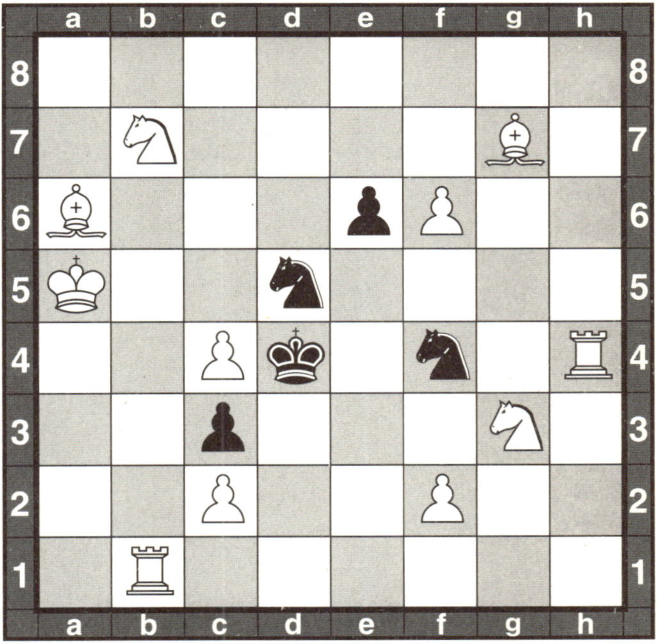

Lösung von Seite 211:

1. Kd1
1. ... Kxc3
2. De5++
1. ... Lxe2+
2. Sxe2++
1. ... L ~
2. Dh8++
1. ... bxc3
2. Lxb6++
1. ... T ~
2. S(x)b5++
1. ... e3
2. Tc4++

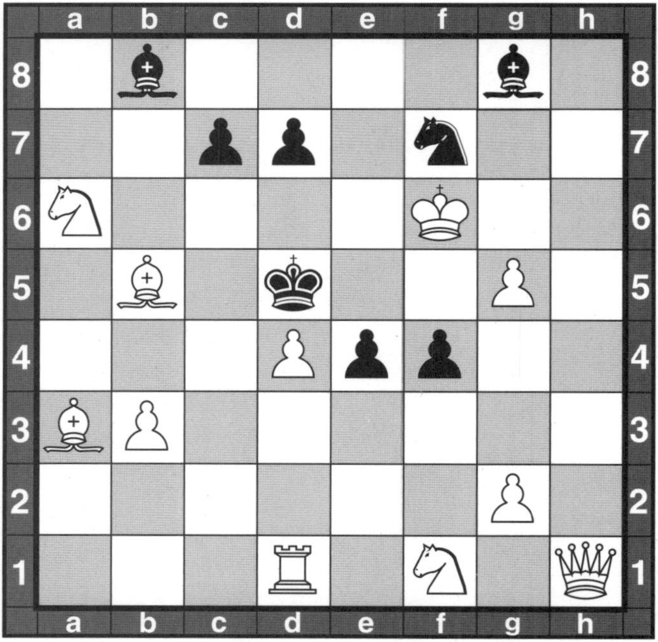

Lösung von Seite 212:

1. Db3
1. ... Kxe4
2. Dc4++
1. ... Lxe4
2. Lxe2++
1. ... L ~
2. Sf2++
1. ... S ~
2. Sxc5++
1. ... c4
2. Db1++
1. ... e1=~
2. Dd5++

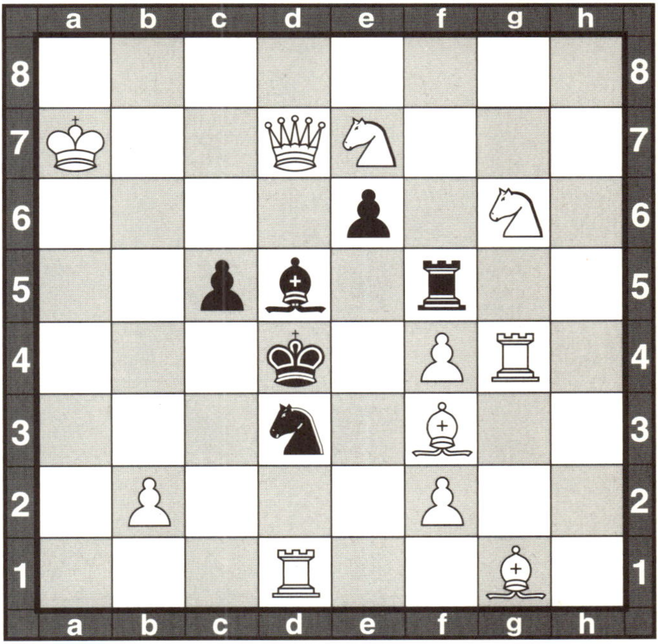

Lösung von Seite 213:

1. Tb5
1. ... Kxc4
   2. Tb4++
1. ... Ke5
   2. f7++
1. ... e5
   2. Txd5++
1. ... ~
   2. Txf4++

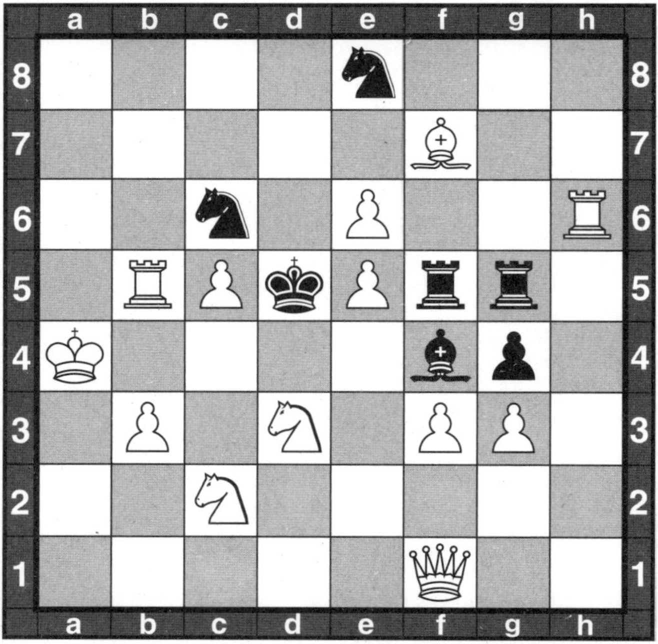

Lösung von Seite 214:

1. Dh5
1. ... Sxg5
   2. Dxg5++
1. ... Lh7
   2. Dxf7++
1. ... Sh6
   2. gxh6++
1. ... Sd6/d6
   2. Sb4++
1. ... Se5
   2. dxe5++
1. ... S ~
   2. g6++
1. ... c6
   2. Lc4++
1. ... c5
   2. dxc5++
1. ... La7
   2. Sxc7++
1. ... e3
   2. Df3++
1. ... f3
   2. Se3++

Lösung von Seite 215:

1. Le2
1. ... Kc4
2. Da4++
1. ... Ke4/c4
2. f3++
1. ... Te5
2. fxe5++
1. ... Tg5
2. fxg5++
1. ... Txf4
2. Txf4++
1. ... T ~
2. f5++
1. ... e5
2. Dxd5++

Lösung von Seite 216:

1. Dg2
1. ... Sxe5
2. Sdb4++
1. ... Sd4
2.Scb4++
1. ... Sd6
2. cxd6++
1. ... Sf6
2. e7++
1. ... Txe5
2. Sxf4++
1. ... L ~
2. f4++
1. ... gxf3
2. Dxf3++
1. ... ~
2. fxg4++

SUDOKU meisterhaft
Die Rätsel der deutschen Sudokumeisterschaft

Wahrlich meisterhafte Rätsel – in diesem Buch sind alle Original-Rätsel der ersten deutschen Sudokumeisterschaft enthalten und ergänzt durch viele weitere in derselben Machart, die auch bei der zweiten deutschen Meisterschaft Verwendung fand. Die Schwierigkeit liegt zwischen mittel und schwer, doch der besondere Reiz dieser Rätsel begründet sich in der unbeschreiblichen Freude beim Lösen.

Heines Rätselbibliothek Band 1
ISBN 978-3-939940-00-5

SUDOKU schwierig bis extrem
Harte Nüsse für Anspruchsvolle

Eine exklusive Kollektion handverlesener Sudokus erwartet Sie in diesem Buch. Anspruchsvolle Rater kommen voll auf Ihre Kosten und auch jene, die sich richtig schwere Aufgaben wünschen. Dieses Buch ist ein Muss für jeden, der nicht zum ersten Mal ein Sudoku unter dem Bleistift hat. Für alle, die die Zeitschrift Sudoku-Genial vermissen, gibt es hier jede Menge Ratespaß der Stufen fünf und sechs.

Heines Rätselbibliothek Band 2
ISBN 978-3-939940-01-2

SUDOKU irregular
Gebietssudoku für Neugierige

Irregular-Sudokus sind Sudokus wie alle anderen auch – mit einem kleinen Unterschied: In jeder Zeile und Spalte kommt jede Zahl nur einmal vor, doch anders als bei herkömmlichen Sudokus, bei denen dies auch für die 3x3-Felder gilt, sind hier irreguläre Bereiche gezeichnet, für die diese Regel gilt. Eine willkommene Abwechslung für alle, die Sudoku lieben.

Heines Rätselbibliothek Band 3
ISBN 978-3-939940-02-9

KILLER-SUDOKU samunamupure
Summen-Sudoku für Liebhaber

Killer-Sudokus sind die schönste Variante der beliebten japanischen Zahlenrätsel. Sie werden auch Samunamupure oder Summen-Sudokus genannt. Es sind die ausgemachten Lieblingsrätsel der Leser von Sudoku-Genial und jeder, der sie mal versucht hat, möchte nie wieder andere Varianten von Sudoku spielen. Dieses Buch präsentiert die gesamte Palette an Schwierigkeitsstufen. Dazu gibt es die gängigsten Zahlenkombinationen als praktisches Lesezeichen.

Heines Rätselbibliothek Band 4
ISBN 978-3-939940-03-6

KAKURO einfach bis extrem
Das Kreuzsummenrätsel aus Japan

Kakuro ist nach Sudoku und seinen Varianten das erfolgreichste und beliebteste Zahlenrätsel aus Japan. Dieses Buch vereint alle Schwierigkeitsstufen und ist somit für Anfänger und Könner gleichermaßen geeignet. Selbstverständlich ist bei jedem Rätsel nur eine einzige richtige Lösung möglich. Dazu gibt es die gängigsten Zahlenkombinationen als praktisches Lesezeichen.

Heines Rätselbibliothek Band 5
ISBN 978-3-939940-04-3

WORTSPIELE tüfteln – kreuz & quer
Harte Nüsse für Um-die-Ecke-Denker

DIE ZEIT hat sie, die SÜDDEUTSCHE kommt nicht ohne aus und auch HÖRZU und STERN veröffentlichen jede Woche diese Art von Rätsel. Hier finden Sie 96 handgemachte Aufgaben in mittlerer Schwierigkeit. Mit Charme und Witz werden Sie in die Irre geführt – mit List und Tücke bringen Sie wieder Licht ins Dunkel. Wir wünschen viel Vergnügen.

Heines Rätselbibliothek Band 6
ISBN 978-3-939940-05-0

X-SUDOKU irregular – normal – killer
Diagonalsudoku in drei Varianten

Diese Sudokus haben einen besonderen Reiz! Es gelten die bekannten Regeln, doch kommt hier noch eine weitere hinzu: Auch auf den beiden Diagonalen, dem „X", müssen alle Zahlen von 1 bis 9 genau einmal eingetragen werden. Solche Rätsel fehlen auf keinem Turnier und haben mittlerweile eine sehr große Fangemeinde. In diesem Buch finden Sie X-Rätsel als Normal-, Killer- und Irregular-Sudoku.

Heines Rätselbibliothek Band 7
ISBN 978-3-939940-06-7

SUDOKU weltmeister 1 – lucca 2006
Alle Rätsel der 1. Weltmeisterschaft in Italien

Die weltweit besten Spielerinnen und Spieler lösen die schönsten Rätsel der Welt! Lassen Sie sich faszinieren von der Vielfalt, die Sudoku bieten kann. Im italienischen Lucca wurde die erste Sudoku-Weltmeisterschaft ausgetragen und nur exklusiv in diesem Buch können Sie sich mit den besten Spielern messen. Doch keine Angst, denn die Rätsel solcher Turniere sind nicht übermäßig schwierig, aber dafür unglaublich reizvoll!

Heines Rätselbibliothek Band 8
ISBN 978-3-939940-07-4

SUDOKU weltmeister 2 – prag 2007
Alle Rätsel der 2. Weltmeisterschaft in Tschechien

Zur zweiten Sudoku-Weltmeisterschaft trafen sich 141 Mitspieler aus 32 Nationen im tschechischen Prag, um gegeneinander anzutreten und Weltmeister 2007 zu werden. Nur in diesem Buch finden Sie die wundervollen Sudokus dieses Turniers. Mit Tabellen, Zeiten, Anleitungen und selbstverständlich allen Lösungen haben Sie die Möglichkeit, sich mit der Elite des Sudoku-Sports zu messen.

Heines Rätselbibliothek Band 9
ISBN 978-3-939940-08-1

KILLER-SUDOKU 2 von heftig bis deftig
Schwierige Summen-Sudoku für Liebhaber

Dieses Buch ist Leserwunsch! „Die besten Sudokus, die ich je gelöst habe", „Gebt mir Nachschub", „Mehr, mehr, mehr..." Kein anderes Buch dieser Reihe hat so viele Reaktionen hervorgerufen wie Band 4 „Killer-Sudoku". Diese Rätsel fehlen heute auf keinem Wettbewerb und hier ist der Folgeband mit ausnahmslos schweren, aber eindeutigen Rätseln der beliebtesten Sudoku-Variante.

Heines Rätselbibliothek Band 10
ISBN 978-3-939940-09-8

SUDOKU meisterhaft 2
Alle Rätsel der 2. deutschen Sudokumeisterschaft

Sie können gut Sudoku spielen? Und schnell sind Sie auch? Dann messen Sie sich doch mal mit den Besten! Dieses Buch begleitet Sie auf die 2. deutsche Sudokumeisterschaft und zeigt Ihnen, wo Sie stehen und wie gut Sie wirklich sind. Viele neue und bisher unbekannte Varianten, dazu alle Zeiten, Punkte und Ranglisten geben Ihnen das Gefühl dabei zu sein. Trainieren Sie mit diesem Buch für die nächste deutsche Meisterschaft.

Heines Rätselbibliothek Band 11
ISBN 978-3-939940-10-4

SUDOKU meisterhaft 3
Alle Rätsel der 3. deutschen Sudokumeisterschaft

Hochkultur Sudoku: Hier sind die wunderschönen und spannenden Sudokus der 3. deutschen Sudokumeisterschaft. Können Sie mit den Besten mithalten? Hätten Sie sich qualifiziert? Anhand von Punktetabellen und Zeitvorgaben können Sie nachvollziehen, ob auch Sie es bis in die Endrunde geschafft hätten. Doch auch wenn es knapp wird – mit diesem Buch sind Sie auf jeden Fall dabei.

Heines Rätselbibliothek Band 12
ISBN 978-3-939940-11-1

SUDOKU hardcore
Die schwierigsten Rätsel der Welt

Schwer ist Ihnen nicht schwer genug? Sie sind enttäuscht von vermeintlich schwierigen Aufgaben? Sie lösen jedes Rätsel? Das hat jetzt ein Ende – versprochen! Diese über 200 Sudokus werden von Rätsel zu Rätsel heftiger. Es geht los bei unglaublich schwierig und endet bei unlösbar. Trotzdem hat jedes dieser Rätsel immer nur eine einzige mögliche Lösung – auch versprochen. Sie werden verzweifeln – ganz sicher.

Heines Rätselbibliothek Band 13
ISBN 978-3-939940-12-8

FUTOSHIKI vergleichssudoku
größer und kleiner – von leicht bis schwer

Futoshiki ist neben Killer die beliebteste Sudoku-Variante! Reiz und Erfolg ist ohne Zweifel die namengebende Komponente: Neben den normalen Sudoku-Regeln helfen die Größer-Kleiner-Zeichen > und < bei der Suche nach der nächsten Zahl, zudem sind sie unverzichtbar, um die einzig richtige Lösung zu finden. Anfänger und Hartgesottene finden ihren Meister innerhalb der vier deutlich unterschiedlichen Schwierigkeitsstufen.

Heines Rätselbibliothek Band 14
ISBN 978-3-939940-13-5

SCHIFFE VERSENKEN einfach bis extrem
Der Spieleklassiker im Rätselformat

Schiffe versenken ist eines der bekanntesten und beliebtesten Logik-Rätsel und es reißt jeden in seinen Bann, der es einmal gespielt hat. In Kombinationen wird es auf den Sudokumeisterschaften gespielt, in vielen Magazinen hat es einen Stammplatz und dieses Buch gibt allen Süchtigen den besten Stoff für viele Stunden: 200 eindeutige Rätsel in vier weit gefächerten Schwierigkeitsstufen.

Heines Rätselbibliothek Band 15
ISBN 978-3-939940-14-2

PÜNKTCHEN-SUDOKU einfach bis schwierig
Die Kropki-Variante der Meisterschaften

Kropki ist ein Meilenstein in der Geschichte der logischen Rätsel! In Kombination mit Sudoku entfaltet sich der unwiderstehliche Genuss zur Höchstform und erobert jeden Sudoku-Fan nach dem ersten Versuch. Diese Varianten fehlen auf keiner wichtigen Meisterschaft und haben Einzug gehalten in Magazine und Zeitungen. Sudokus ohne eine einzige vorgegebene Zahl? Bei Pünktchen-Sudoku gibt es trotzdem immer nur eine einzige richtige Lösung!

Heines Rätselbibliothek Band 16
ISBN 978-3-939940-15-9

SUDOKU weltmeister 3 – goa 2008
Die Rätsel der 3. Weltmeisterschaft in Indien

Die besten Sudokus der Welt, die schnellsten Rater auf Erden und der schönste Strand am arabischen Meer. Hier sind die Rätsel der 3. Sudoku-Weltmeisterschaft aus Goa, Indien 2008. Viele klassische Sudokus und unglaubliche neue Varianten mussten überwunden werden, um den Sudoku-Weltmeister 2008 zu finden. Rätseln Sie mit und seien Sie dabei – messen Sie sich anhand von Tabellen und Rankings mit den besten und schnellsten Rätsel-Genies dieser Erde.

Heines Rätselbibliothek Band 17
ISBN 978-3-939940-16-6

SLITHER LINK einfach bis schwierig
Japans geniales Rundwegrätsel

Slither Link ist ein herausragendes Beispiel japanischer Rätselkunst! Alle, die Sudoku mögen, lieben diese geniale Knobel-Variante. Ein toller Zeitvertreib ohne Rechnen oder Allgemeinwissen, denn mit reiner Logik kommt jeder ans Ziel. Es ist nicht immer einfach, doch Tipps und Tricks weisen den Neuling ein und die weit gefächerten Schwierigkeitsstufen dieses Bandes bieten Anfängern wie Profis Rätsel besonderer Machart für endlose Stunden genussvoller Unterhaltung.

Heines Rätselbibliothek Band 18
ISBN 978-3-939940-17-3

SUDOKU schwierig bis extrem 2
Noch mehr harte Nüsse für Anspruchsvolle

Schwere, sehr schwere und extrem schwere Sudokus in perfekter Qualität sind die sprichwörtliche Nadel im riesigen Heuhaufen namenloser Sudoku-Belanglosigkeit. Hier ist das einzig wahre Buch für jeden, der nicht zum ersten Mal ein Sudoku unter dem Bleistift hat – Nachschub für alle, die eines der erfolgreichsten deutschen Sudoku-Bücher (Band 2 dieser Rätselbibliothek) schon gelöst haben. 200 neue Rätsel mit garantiert nur einer einzigen richtigen Lösung.

Heines Rätselbibliothek Band 19
ISBN 978-3-939940-18-0

SUDOKU meisterhaft 4
Alle Rätsel der 4. deutschen Sudokumeisterschaft

Schwere Rätsel, schöne Rätsel – meisterhaft die Vierte! Deutscher Meister zu werden ist nicht leicht, den Titel zu verteidigen erst recht nicht. Für die meisten der fast 60 Endrundenteilnehmer der vierten deutschen Sudoku-Meisterschaft war es vor allem die Vorfreude auf einzigartige und überraschend neue Rätsel. Seien Sie dabei und messen Sie sich anhand von Zwischenständen, Zeitangaben, Erklärungen und Berichten mit den Besten der Besten.

Heines Rätselbibliothek Band 20
ISBN 978-3-939940-19-7

SUDOKU 17 harte nüsse vom profii
Maximaler Spaß für echte Könner

Weniger ist mehr! 17 vorgegebene Zahlen in einem Sudoku sind das Maß der Dinge und weniger nicht möglich. Jedenfalls dann nicht, wenn es nur eine einzige mögliche und richtige Lösung haben soll. Über 40 Millionen Sudokus waren nötig, um diese 200 Meisterwerke zu finden. Seltener und schöner als diese Raritäten kann kein Sudoku sein. Diese Rätsel sind schwer, aber immer mit reiner Logik zu knacken.

Heines Rätselbibliothek Band 21
ISBN 978-3-939940-20-3

KILLER-SUDOKU 3 – schwierig bis extrem
Noch schwerer: Profi-Rätsel für Experten

Zu den meist verkauften Ausgaben dieser Reihe gehören ganz klar Band 4 und 10 – Killer-Sudoku! Keine Sorte hat mehr Leser animiert, uns zu schreiben und Nachschub zu verlangen – ein bisschen schwerer sollte es werden, Hauptsache mehr. Das Ergebnis liegt in Ihren Händen und wir haben uns weiter verbessern können. Das letzte Drittel der Rätsel in diesem Buch ist zum größten Teil in Handarbeit entstanden und fordert das ganze Können echter Profis.

Heines Rätselbibliothek Band 22
ISBN 978-3-939940-21-0

SUDOKU weltmeister 4 – slowakei 2009
Die Rätsel der 4. Weltmeisterschaft in Zilina

Hier sind die unglaublichen Rätsel der 4. Sudoku-Weltmeisterschaft. 128 Spieler aus 28 Nationen fanden ihren Weg in die Karpaten. Wirre Regeln und unlösbare Rätsel verwirrten die Teilnehmer und wirbelten das Favoritenfeld bunt durcheinander. Hat der Beste gewonnen? Hätten Sie gewonnen? Finden Sie es jetzt heraus: Mit Erklärungen zu allen Rätseln, den Zeiten der Teilnehmer und zahlreichen Zwischenständen begleiten Sie den neuen Weltmeister auf seinem Weg zum Titel.

Heines Rätselbibliothek Band 24
ISBN 978-3-939940-23-4

SUDOKU schwierig bis extrem 3
Und noch mehr harte Nüsse für Anspruchsvolle

Schwere Rätsel – schöne Rätsel und das in bestmöglicher Qualität: Hier ist der Nachfolger zu Band 2 und Band 19 dieser Reihe. Diese Bücher ziehen nicht nur Zehntausende von Sudoku-Lösern an, sondern auch den dreimaligen deutschen Meister Michael Ley. Exklusiv für Heines Rätselbibliothek hat er seine Ratezeiten notiert, sodass Sie sich direkt mit ihm messen können. Zudem gibt er Tipps und Tricks zu besonderen Spielsituationen. Lernen Sie wie ein Champion zu denken!

Heines Rätselbibliothek Band 25
ISBN 978-3-939940-24-1